华夏智库·企业培训丛书

穆麟德企业运营

U0678987

精益之道

巩家诚◎著

——基于"一次做对"的零缺陷管理模式

经济管理出版社

ECONOMY & MANAGEMENT PUBLISHING HOUSE

图书在版编目（CIP）数据

精益之道——基于"一次做对"的零缺陷管理模式/巩家诚著．—北京：经济管理出版社，2015.8

ISBN 978 - 7 - 5096 - 3879 - 8

Ⅰ.①精… Ⅱ.①巩… Ⅲ.①企业管理—研究 Ⅳ.①F270

中国版本图书馆 CIP 数据核字（2015）第 159426 号

组稿编辑：张　艳
责任编辑：张　艳　范美琴
责任印制：黄章平
责任校对：车立佳

出版发行：经济管理出版社
　　　　　（北京市海淀区北蜂窝 8 号中雅大厦 A 座 11 层　　100038）
网　　址：www. E - mp. com. cn
电　　话：（010）51915602
印　　刷：三河市海波印务有限公司
经　　销：新华书店
开　　本：720mm×1000mm/16
印　　张：11.5
字　　数：146 千字
版　　次：2015 年 8 月第 1 版　2015 年 8 月第 1 次印刷
书　　号：ISBN 978 - 7 - 5096 - 3879 - 8
定　　价：36.00 元

序　言

  企业质量管理方式多种多样，每个企业都有不同于其他企业的质量管理文化。一些先进企业的质量管理方式能够取得巨大成功，有专家将其总结为一种管理方式或模式，可为其他企业改善质量管理提供有益借鉴。

  精益生产方式是美国麻省理工学院数位国际汽车计划组织的专家对日本"丰田生产方式"的赞誉之称，它是从丰田相佐诘开始，后来经丰田英二及大野耐一等人的共同努力，直到 20 世纪 60 年代才逐步完善而形成的。实施精益生产就是决心追求完美的历程，也是追求卓越的过程，它是支撑个人与企业生命的一种精神力量，也是在永无止境的学习过程中获得自我满足的一种境界。其目标是精益求精，尽善尽美，永无止境地追求。从思想落地到具体的工具化和标准化实施指南，从日本本土到国际化和学术化，精益生产也由最初的具体业务管理方法到战略管理方法，上升到适合各个行业发展的管理思想。在逐步构建完整的精益管理体系中，提高顾客满意度、降低成本、提高质量、加快流程速度和改善资本投入，以使股东价值实现最大化是精益思想的核心目的。

  零缺陷管理方式是被誉为"零缺陷之父"的菲利浦·克劳士比在 20 世纪 60 年代初提出的，并在美国得到广泛推行。在克劳士比的零缺陷理论中，他强调质量管理"预防胜于救火"的理念，预防不仅仅指预防质量问题，还指前瞻性地发现客户的潜在需求，从而创造出"零缺陷"的、完美的、符合客户要求的产品和服务，包括一个中心、两个基本点、三个需要、四个基本原则、五个卓越表现结果。零缺陷特别强调预防系统控制和过程控制，要求第一次就把事情做正确，使产品符合对顾客的承诺。

无论是精益生产、零缺陷管理还是其他现代质量管理模式，它们有许多共同点，那就是强调全面质量管理的理念，以顾客满意为目标，强调领导重视、全员参与、科学管理、完善生产流程，最终达到减少质量缺陷、提升顾客满意度、提升企业质量效益的目的。精益生产模式和零缺陷管理模式都强调以最优的品质、较少的人力资本、较少的库存、较低的成本和较高的效率对市场需求做出最迅速的响应，彻底地追求生产的合理性、高效性，以最大的努力减少质量缺陷，满足顾客需求，增加企业效益。其基本原理和诸多方法，对我国制造业的转型发展具有极大的指导借鉴意义。

事实上，改革开放三十多年取得的成绩之一就是中国制造业在世界舞台上发挥了越来越重要的作用，但中国制造业也存在许多问题，"中国制造"在国外频现质量问题，暴露出中国制造业的质量痛点，阻碍了国际化战略的步伐。同时也发现，具备国际化竞争的企业都有一套可复制并具有竞争力的管理工具和方法。这些工具比较常见的是上面提到的精益生产和精益管理以及零缺陷管理等，因此研究和导入这些工具对制造业而言将是举足轻重的。由于受各种因素的影响，很多制造企业在导入一个或多个管理工具时往往因为没有把握管理工具的核心和精髓，导致发挥的作用不大。因此，基于几个工具的共同存在的研究以整合一套全新的管理工具，是中国制造企业国际化历程中的战略举措之一。这套全新的管理工具，就是零缺陷的精益管理工具以及由此形成的模式。

《精益之道——基于"一次做对"的零缺陷管理模式》一书以零缺陷管

理理论和相关的质量管理理论为基础，以个别案例分析法为辅助手段，将理论与实践融为一体，重点讨论了做正确的事和正确地做事、由顾客确定产品价值结构、变"成批移动"为"单件流动"、生产由顾客拉动、消除产业价值链的浪费、基于零缺陷管理的"4P"理论模型、涵盖全价值链的精益管理、基于零缺陷理论的全价值链精益管理等问题。实践证明，这一系列改善方案可以提高质量、降低成本、形成特色质量文化、扩大市场份额。精神建设方面，它是保证改善方案落地实施的思想保证，因此书中还从人性角度探讨了"我愿意"这一特有的中国式表达方式，指出了口碑源于全方位用心等方面的努力方向，这是零缺陷的精益管理之道。

制造业是中国最早走出去的产业之一，这对企业管理者而言是巨大的挑战，根据精益思想整理出一套完整的精益管理实施规范，将使"中国制造"在 21 世纪成为全球经济的重要力量，并逐步朝着"中国创造"的方向跨越；同时，这必然促使中国数百万的质量经理人形成一股浩浩荡荡的中坚力量，建造起"质量的大堤"，以保障和提升全球的"生活品质"。

目　录

第一章　让人忧心忡忡的中国制造

　　自从我国实行改革开放以来，"中国制造"的产品日益风靡世界，如今的中国已经变成了名副其实的"世界工厂"。我们敢说，在这个地球上只要有商店的地方，无论多么偏僻，你都会发现标有"MADE IN CHINA"的商品。当年英国靠殖民地在世界上号称"日不落帝国"，今天中国靠着"中国制造"也在世界上缔造了一个"日不落的商品帝国"。

　　提起"中国制造"，最先想到的概念是：在最低成本下生产出"物美价廉"的产品。大量廉价的"中国制造"产品的出口，使国外消费者在享受"中国制造"的同时，又充满了抱怨和责难。尤其是一系列大大小小的质量问题，让世界不满和指责，让中国人自己感到惭愧和羞辱。在国外经销商看来，价格低廉的"中国制造"让他们"爱恨交加"。对于"中国制造"，他们希望它们的品质能够稳定一点。"中国制造"最大的问题就是需要你不断监督它，如果盯得稍微放松一点，其产品品质马上就掉下来了。

　　应该说，在世界上缔造了一个"日不落的商品帝国"是我们的骄傲，而因为产品和服务质量问题招致的众多口水和责问，则是我们的悲哀。

引发全世界口水战的中国制造

许多年前，中国人出国购物总是小心翼翼地确认商品的产地，生怕把"中国制造"买回家，招人笑话。而今天，这种寻根问底几乎是徒劳无益的了，因为"中国制造"已经占据了国外大部分的市场，特别是廉价市场，像美国的"一美元商店"、澳大利亚针对中低收入家庭的大众百货店"Kmart"等，"中国制造"几乎囊括了全部商品。有些商品还有产地的选择，有的干脆就只有"中国制造"独家产品。

其实，在国外"中国制造"的商品已经多元化了。一些是中国人致力于打入外国市场的产品，一些是外国厂商设计和定做的商品。如果你认为没有贴上"中国制造"的标签就不是中国制造的，那就错了。外国的商业法有规定，一种商品的加工过程限制在一定百分比之内就不算原产地而算所在国了。最常见的例子就是T恤衫。外国厂商往往在中国买了毛坯T恤衫，在国外印上字，加上标签就是外国制造了。即使是本地制造，比如服装，大部分也是中国人开的工厂，说来说去也跳不出"中国制造"这块"高粱地"去。

"中国制造"的优势是价廉。世界名牌"Bonds"的男用内裤约20美元1条（平价，非高档商品），可是同样的价钱买"中国制造"则可以买10条。"中国制造"真可以说是外国穷人的"福音"，过去属于奢侈品的，现在已经"飞入寻常百姓家"了，让穷人也过一把物质享受的瘾。可是劣势也是"和尚头上的虱子——明摆着的"，那就是质量差。还拿男用内裤来说，"Bonds"直到穿旧了也不走形，而"中国制造"穿几次说不定就面目全非了。

一般而言,"中国制造"和外国制造两者质量上的区别,不在于看得见的地方,而是在看不见的地方。比如男裤,外国制造可能用的也是中国制造的纺织品,但是中国制造的裤子在看不见的地方偷工减料或者粗制滥造。比如裤兜,"中国制造"的大部分是用质量最差的"豆包布"做的,穿不了多久裤兜就漏了一个大洞。再如拉锁,外国人最忌讳男人的裤子不拉拉锁了,可"中国制造"的裤子偏偏不知道什么时候拉锁就坏了,临时换裤子都来不及,让人很尴尬。还有一个典型例子就是鞋子,有学生买了一双在学校穿的黑皮鞋,说是全皮的,可是没过多久,鞋帮上的假皮子就露出了"庐山真面目"——人造革的里子一览无余;再掀开鞋垫一看,底下不是空的就是用纸板垫起来的。这类"中国制造"正好应了中国文人的一句话,叫作"金玉其外,败絮其中",或者说应了老百姓的俗话"驴粪蛋儿——外面光"。

在美国的各大商场、超市,处处都是"MADE IN CHINA"(中国制造)。在过去的感恩节疯狂打折中,就有很多产品产地是中国,大到家具家电,小到牙签螺丝,几乎很难找到不是中国制造的东西。就连奥巴马头像玩偶、美国星条旗,都有大部分是产自中国,因此一些人就以为美国人民生活离不开中国。其实,在美国生活久了就能发现,有几类东西极少是"中国制造":

其一,美国食品不是"中国制造"。在美国,你可以从头到脚都是"中国制造",但入口的东西,很少找到"中国制造"(华人聚集地的华人超市除外)。一进入超市就能发现,不管是生鲜食品,还是包装食品,产地基本都是美国本土。例如,酸奶、果汁、乳制品等基本不可能是"中国制造"。

其二,药品保健品不是"中国制造"。美国的药品、保健品管理很严格,某种药品从研发到上市,有的要经历十年或者更长的时间,经过反复试验、反复验证才能上市。例如,保健品"维他命"肯定不是"中国制造",草药"维他命"也不是产自中国。

其三，高级化妆品不是"中国制造"。例如，彩妆、高级香水和高中档护肤品一般都不会产自中国。

其四，与皮肤接触的生活用品不是"中国制造"。例如，女性用品卫生巾以及卫生纸的产地基本都不会是中国，洗发水、漱口水还有染发剂也都不会是"中国制造"。

其五，婴儿食品、用品大多数不是"中国制造"。美国的婴儿食品以及其他用品管理很严格，外国品牌想要进入美国市场，审查都很严格。

其六，汽车、飞机发动机等高端科技产品不是"中国制造"。例如，美国波音飞机制造公司是在全世界都有名的飞机制造商，波音飞机部分发动机在英国制造，只有部分尾翼在中国制造。因为中国的热处理技术，材料工艺和加工工艺做不了波音飞机的核心部分。

根据有关统计资料显示，目前，中国主要机械制造产品中达到世界先进水平的还不到5%。一方面，市场急需的高技术含量、高附加值的技术装备和产品严重短缺，不得不长期依赖进口；另一方面，低水平、低技术含量的制造产品严重积压，生产能力严重过剩。同时，一些因产品质量问题引发的国际关注不容忽视。继2006年美国FDA及加拿大食品检验署通报我国出口水产品药残问题后，又接连发生"多宝鱼"、"孔雀石绿"事件。接连不断的产品质量事件，使我国产品出口声誉受到影响。

据进口商反映，近年来，中国出口产品质量较前两年有所下降，究其原因，主要是普遍存在价格低、质量次的意识，认为反正是价格低廉的小商品，低值易耗品，质量差一些没关系。出口商在推销产品、占领市场阶段对产品质量很重视，待打开了市场，产品有了一定的名气以后，质量把关就不那么严格了，这是一般商家的通病。

由于少数企业不讲诚信，加上国内质量监管存在薄弱环节和漏洞，使得一些存在质量问题的产品流向国际市场，已经严重损害了"中国制造"的形象。尽管这些"问题产品"在中国超过万亿美元的出口量中仅占极小的一部分，但却在国际市场上产生了相当大的负面影响，严重影响了中国相关产品出口。

中国制造在国外频现质量问题

2008 年以来，中国部分产品在海外遭遇"寒流"，"中国制造"的质量和安全问题成为国内外媒体关注的焦点。美国最大玩具商美泰公司宣布，因为存在磁铁易被孩童吞食隐患和油漆铅超标问题，该公司在全球召回近 1820 万件中国产玩具。美国食品和药物监管局（FDA）宣布，在中国生产的部分牙膏中含有有毒物质二甘醇，要求美国消费者放弃使用所有中国产牙膏，并宣布禁止进口中国牙膏。菲律宾宣布，抽查市面多款中国食品样本后，发现其中 4 款食品含有甲醛等有害物质，在菲律宾被禁售的 4 款中国产食品是：上海冠生园大白兔奶糖、福建晋江浪漫鱼牛奶糖、东莞 Balron 葡萄饼干及永康葡萄饼干。

这就是说，中国制造的产品的质量问题，有"含铅玩具"、"毒牙膏"、"含超量抗生素水产品"等。一时间，中国已经成了"问题产品"的最大来源，中国产品在世界市场上面临着空前的信任危机。

2015 年 3 月的参考消息网引述媒体报道称，欧洲联盟执行委员会表示，为了帮消费者把关，2014 年欧盟共要求 2435 件商品下架、召回，商品种类从玩具到汽车都有，其中，中国制造的商品占大多数。在产品类别方面，玩

具是被点名最多的商品，约占 28%；其次是衣服、纺织品与时尚产品，占
23%。这两类商品多半是因为可能造成伤害，或是有化学物质与窒息风险。
其中化学风险最高的商品是鞋子与皮革制品、玩具与儿童护理商品以及饰品，
可能会导致皮肤过敏、不孕等健康风险。中国则是这些问题商品的主要出口
国，约 64% 的"问题商品"来自中国。

英国《经济学家》杂志曾经发表的一篇题目为《中国产品质量低劣》的
文章说，中国已经成为全世界的加工厂，但最近爆出了"毒奶粉"、"受污染
的宠物食品"和"危险玩具"等一系列丑闻，让人们对这个国家的生产标准
提出质疑。有人为中国辩解说，随着产量增加，至少在短期内，与此相关的
问题也会不可避免地增加；同时也指出，日本在战后发展时期和美国在 19 世
纪末的制造业繁荣时期，也出现过产品质量存在问题的阶段，中国只是处在
一个监督严密得多的环境中。

对上述两种说法，《中国制造劣质产品》一书的作者保罗·米德勒在书
中进行了回应。米德勒会讲流利的汉语，2001 年搬到中国，为在中国发展的
西方公司做顾问，这些公司以在广州附近的新兴工业地带的分包关系取代欧
洲和美国的工厂。他来中国恰逢其时，开展业务初期容易碰到的问题（如争
取客户或提供具有价值的建议之类的）都难不倒他。他是在合适的时间来到
了正确的地方，并且从中受益。

米德勒不仅很快、很轻松地找到了客户，而且这些客户对在中国看到的
一切都感到满意。工厂会想方设法取悦客户，价格非常低，生产周期很短。
客户们在第一次离开中国时，都会对工厂在那么短的时间内能熟练加工感到
惊异，也会对能那么好、那么快、那么便宜地做多久感到疑惑。这些客户的
疑惑不无道理。

米德勒的主要工作就是应对他所说的"质量减退"，因为中国的工厂将

实际上无利可图的合同变得有利可图。他所见到的生产周期与持续改进的理论模式正好相反，在解决了一些小问题并生产出符合规格的产品之后，工厂内部的革新方向就对准了成本的削减。这些削减成本的方式通常令人生厌，甚至是危险的，比如降低包装成本、更改化学成分、降低卫生标准等，从而导致了产品质量的持续下降。

为了进一步创造利润，中国工厂对来自知识产权保护力度大和拥有创新性产品国家的客户提供优惠的生产价格，但仅仅是因为工厂接下来可以直接把仿制品卖给忽视专利和商标的其他国家。米德勒表示，这是工厂的一种套利行为。

防范质量打折产品的第一道防线是工厂的客户，即西方零售商。当他们开始怀疑中国制造 "伙伴" 并希望了解其中隐藏着什么猫腻的时候，就会变得特别渴望在中国找到像米德勒这样的人，因为他们需要这方面的信息。同时，他们会越来越多地使用第三方实验室对中国产品进行检测。但米德勒在书中认为，这往往也是形式大于实质，因为这些测试本身比规避它们的手段具有更多的局限性，就如同运动员在寻找改善成绩的方法时，会有少数人被抓到，但更聪明的运动员却通过使用尚未列入违禁清单的产品保持领先，而且生产商有很多规避检验的办法。

事实上，以这种眼光看待所有的中国公司当然是不公平的。有一些公司在质量上得到了国际认可，但是与日本、美国不同，这些公司也要为国际认可付出代价，因为随之而来的是不受欢迎的监督。米德勒目睹了大型的现代化的中国工厂将工作外包给较小的工厂，这些小工厂更容易规避环境控制及安全标准。

清理这种混乱局面的办法是更广泛的信息披露，但媒体是受到控制的。米德勒说，许多生产问题都是当地的生产企业众所周知的，但这些企业相互勾结，透露内幕的人也不会得到奖赏。因此，发现问题的途径是购买中国产品的消费者自己进行辨别，这显然是最糟糕的。

上述问题说明，"中国制造"的质量问题已经成为国际话题。这种情况如果不能引起中国人的高度重视，后果自然是不堪设想的。

马桶盖话题戳到的中国痛点

中国人奔赴世界各地抢购产品已经不是新鲜事，但是在日本抢购马桶盖却让人大跌眼镜——马桶盖哪里没有？为何非得去日本买呢？但这种离奇的事情确实发生了。

据日本《每日新闻》报道，2015年春节期间，百货店的销售额出乎预料地创新高，日本列岛因"中国资金"而沸腾，酒店和机场的接待能力已经达到极限。在家电方面，电饭煲等"招牌"商品依然畅销，其中人气大增的是温水洗净马桶盖。秋叶原一家大电器店的销售人员说："马桶盖几乎处于断货状态。"

蜂拥而至的中国人给日本的马桶盖销售做了一个大大的广告！

其实，除了马桶盖外，还有很多日本商品会被来自中国的消费者抢购，这些商品也都各具特色。比如日本很多品牌的电饭锅，由于采用了球形锅体，四周可均匀加热，并且在工作时有轻微的加压，因而使得大米受热均匀，蒸出的米饭无论口感还是味道都比普通底部加热的电饭锅更好。目前中国的苏泊尔、九阳、美的也开始推出这种电饭锅。还有像日本的瓷刀，其特殊工艺使得刀具比普通钢材耐磨60倍以上，而且刀体洁白美观，没有生锈的麻烦，因此也很受欢迎。另外，日本的一些保温杯、保温桶，能够保证长时间保持很好的保温性能，也很具实用性。

乐购仕是苏宁在日本收购的家电零售商，当地的销售人员也证实了马桶盖、电饭锅、保温杯、日本瓷刀是中国消费者的首选。销售人员说，以往中国消费者到日本最喜欢采购的是奶粉、大米等食品，而现在更多的则是中高档的日用品。

在2015年的"两会"上，一位政协委员、中国银监会原负责人表示，自己买的马桶盖没几天就不好用了，这一信息再次让"马桶盖"问题继续发酵。更让人意想不到的是，有媒体报道称，一位王先生去日本买回的马桶盖是"中国制造"，工厂就在杭州下沙经济开发区，"马桶盖"成了浙江代表团"两会"期间热议的话题。后来，记者来到王先生所买马桶盖包装盒上显示的生产厂家——松下电化住宅设备机器（杭州）有限公司进行探访。工作人员向记者证实，这款智能马桶盖确是杭州生产，而且是出口到日本市场专供中国游客的。

事实上，福建省厦门市是国内大型的智能卫浴生产基地，为许多国际品牌代工、贴牌生产。全世界百分之七八十选用的水箱配件都是厦门制造。虽然很多产品是国内生产的，其标准却是国外厂商指定的，一般来说各方面的指标都会比在国内销售的高一些。

有人感叹，一只马桶盖打败了"中国制造"！那么，"世界工厂"为何难获消费者青睐？专家们认为，除了缺乏核心技术和人性设计、不尊重知识产权、创新企业遭"山寨"、品牌"叫不响"、服务难到位之外，最重要的就是制造业质量基石被忽视了。

日本马桶盖受中国人追捧值得深思，我们单纯地去购买国外性价比高的产品，而不思考其中的因果关系，就会导致思想上的落后。当然，如今不是一个"落后就要挨打"的时代，却是一个"落后一个马桶盖就要反思"的时代。因此，日本马桶盖戳中了"中国制造"的痛点，却也是一个启发点。

其实，日本马桶盖的突然走红，在很大程度上对我们敲响了警钟：在中国企业一味打价格战的背后，我们是否注意到了消费者是不是真的只关注价格？我们的企业在争相抬头仰望互联网思维的同时，有没有静下心来看一看消费者真正需要的是什么？

数数中国制造的"软肋"

产品质量问题具有客观性和普遍性，是世界各国共同面临的一个难题。与发达国家相比，中国产品质量问题更加严重，这些问题大致可以归纳为以下几个方面。

一是质量安全事件时有发生。近年来，质量安全事件频频发生，已经成为社会痼疾，是当前最突出的质量问题。这些事件对消费者生命健康和财产安全造成了较大损害，影响了消费信心，损害了政府形象。据不完全统计，2011年1~7月，媒体集中报道质量安全事件61起，平均每月超过8起。其中，仅7月份，就发生了达芬奇家具造假、北京地铁4号线动物园站电梯事故等12件影响较大的质量安全事件。食品方面的质量安全事件尤其突出，引发了社会公众持续的关注与焦虑，甚至许多人在考虑移民时，把食品问题作为一个很重要的促动因素。这反映出社会对产品质量和消费环境的信任危机，公众很容易对国内产品产生质疑，并且常常以偏激的方式进行自我保护。

二是关键装备与核心器件质量与发达国家相比仍有较大差距。目前，中国已成为世界第一制造大国,但质量上仍不是制造强国,与发达国家还存在很大差距。以装备制造业为例,相当一部分产品在产品可靠性、核心技术、关键部件的制造精细化程度、工艺水平、外观造型及稳定性等指标与国外同类产品还有不小差距。如国产数控机床目前平均无故障时间为 600 小时,发达国家为 1000 小时。核心器件和高端组件依赖进口,导致基础产品、源头产品质量数据缺失,无法根据上游产品质量变化情况调整质量控制参数,无法形成产品质量安全预警机制,造成产品质量波动和风险。

三是不合格产品占有较大比重。从国内产品质量监督抽查和进出口商品把关检验的统计数据看,我国产品质量合格率虽然呈现不断提升态势,但整体不合格率仍然较高,不合格产品总量较大。2010 年产品抽样不合格率为12.4%,其中不合格率高于 20% 的品种占不合格总数的近 1/5,涉及的不合格产品数量巨大。值得注意的是,若把企业自检的不合格率计算在内,我国产品的整体不合格率还会更高。这造成了能源资源的巨大浪费。此外,我国虽然是世界第一大出口国,但出口商品长期处于国外通报召回问题产品数量首位。2010 年,美国对我国消费类产品通报召回 204 次,2263 万件,分别占美国全年召回产品次数、数量的 57.95% 和 40.25%;欧盟对我国非食品类消费品通报召回 1137 次,占欧盟全年召回产品总次数的 58.28%。

四是制假售假问题仍十分严重。全国质检部门近年来查处质量违法案件的数量虽逐年下降,但涉案货值不降反升,大案、要案数量呈增长态势,假冒伪劣、制假售假还没有得到根本遏制。2001～2010 年,质检部门共查处质量违法案件 256.5 万起,查获假冒伪劣货值 402 多亿元。同时造假行为日益呈现网络化、技术化、隐蔽化趋势,为监管执法增加了难度。如不断更新造假手段,利用高科技设备制假。比如加油机计量作弊,其先后采用改动主板、使用遥控器、使用 U 盘程序等方式作弊;还有的利用现代通信工具和互联网售假,甚至将生产与销售分开进行,跨区域制假售假,逃避监管。

对于出现上述产品质量问题的原因,可以从生产力水平、经济增长方式、企业诚信、质量技术、政府监管能力五个方面进行具体分析。

生产力水平方面的原因有以下三点:

一是科技水平不高。我国基础科技水平较低,高端创新能力不足,核心专利技术、自主知识产权数量较少。按照工信部的数据,我国对外技术依存度达50%以上,而美国、日本仅为5%左右。许多产品在研发设计、工艺制造等方面落后,产品可靠性先天不足。

二是生产方式落后。我国中小企业数量大、规模小,技术水平较低,生产工艺落后,有的企业生产设施和设备简陋,还处于手工作坊阶段,直接导致产品质量符合性差、可靠性低,质量损失和安全隐患严重。

三是劳动者素质参差不齐。我国劳动者素质偏低,严重制约了产品质量提升。城镇企业1.4亿名职工中,技术工人只占一半;7000万名技术工人中,中级工只占35%;在向非农产业转移和进城务工的农村劳动力中,有70%以上仅有初中以下的文化程度。掌握现代质量管理方法和工具的职工比例偏低,获得质量专业职业资格的专业技术人员仅10.2万人,占职工总数的比例远远低于发达国家水平。

经济增长方式方面的原因有以下三点:

一是产业结构不合理。一些地方热衷于规模扩张而忽视产业竞争力的提高,造成产能低水平扩张,个别行业甚至陷入低价、低质的恶性竞争。以光伏电池为例,2012年之前的5年,我国产能增长8倍,产能严重过剩,市场竞争激烈,一些企业采取降低成本、低价竞争的办法,导致产品质量下降,产品使用2~3年后就出现质量问题。

二是集约化程度不高。当前我国相当多的产业还处于发展的初级阶段,产业化程度低，普遍存在"大而全"、"小而全"的现象，影响了专业化、精益化程度提升，进而容易产生质量风险。如电线、电缆行业的中小企业产品占市场份额的90%，生产工艺、质量控制水平都比较低。

三是过度追求速度和利益。在粗放型经济增长模式下，单纯依靠生产要素的大量投入和扩张实现的经济增长，导致过于追求增长数量和速度，企业经济行为短期化，忽视产品质量的提高。如近年来我国电动自行车行业产能井喷式增长，产品同质化、低质化严重。

企业诚信方面差的原因有以下三点：

一是道德缺失，故意造假。诚实守信、安全为先、精益求精尚未成为全体生产经营企业的诚信道德准则，少数企业为追求利润，牺牲质量，甚至故意造假。

二是逃避监管，刻意违法。少数企业守法意识淡薄，社会责任缺失，以各种方式逃避质量监管，甚至知法犯法、危害社会。

三是偷工减料，唯利是图。原材料以次充好，生产过程中降低标准，以不合格产品冒充合格产品，以低档低质产品冒充高档高质产品，成为一些企业逐利的惯用伎俩。典型案件有"陈馅月饼"、瘦身钢筋、劣质磷肥和复混肥等。

质量技术方面不高的原因有以下三点：

一是标准总体水平较低。第一，与国外先进标准差距大。目前国际标准有24807项，由中国主导制定的只有103项，仅占0.42%。第二，标准缺失。标准制定与技术创新、产业发展还存在脱节，在新产业、新技术、新产品及检测方法等方面缺失的问题较为严重。例如我国内地现行的农药兽药残留限量标准仅为667个，分别只占日本和中国香港的1%和33%。另外，一些标准存在矛盾交叉现象。

二是计量保障能力不足。发展战略性新兴产业和加速经济结构调整，对计量科技提出了新要求，暴露出计量保障能力较弱的问题仍然突出。一些领域缺乏计量基准、标准，国际互认测量能力相对薄弱，目前我国参加国际比对数量仅占总比对数的30%。

三是认证认可工作基础较弱。我国是认证认可大国，但还不是认证认可强国，存在着认证市场无序、强制性认证制度不完善等突出问题，直接影响产品质量提升。

政府监管能力方面的原因有以下四点：

一是质量法律法规体系不健全。第一，时效性不够。《计量法》、《标准化法》、《国境卫生检验法》、《动植物检疫法》等法律都是20世纪八九十年代制定发布的，部分条款已不符合新时期产品质量监管实际。第二，系统性不够。法律交叉和法律真空同时并存，各部门从不同角度进行立法时，甚至出现个别规定与上位法不完全一致的情况，易发生监管依据不足或者混乱现象。第三，惩戒力度不够。对涉及产品质量违法的处罚规定缺少原则，可操作性不强、法律惩戒威慑力度小、产品质量安全违法犯罪成本低。

二是监管力量严重缺乏。我国企业数量大、分布广、问题多，监管人员任务重、难度大、数量少的问题比较突出，监管力量远远达不到有效监管的要求。例如，全国特种设备专职监管人员仅10919人，平均每人监管593台，发达地区人均监管特种设备达到2000～4000台。2010年，我国进出口总值比2001年增加近4倍，检验检疫人员仅增加24%。

三是检验检测能力不足。面对产品检测项目日益增加、检测标准日趋严格的新形势，我国产品质量检不了、检不出、检不准、检不快的问题更加突出。基层质检机构不健全，全国只有不到一半的县具有基本检测能力。检测手段落后，基础研究滞后，检测技术储备能力较弱，高端仪器几乎全部依赖进口，关键检测技术和方法缺失现象严重。

四是监管体系不完善。总体上我国国内产品质量监管体系与监管环节衔接不够紧密，监管力量分散，在实践中还存在职能不清、责任不明、效率不高等问题，无法做到产品的全过程监管。

我国质量问题的原因，是由多方面因素共同造成的，不能统而概之，不能简单地采用两分法：要么认为企业不诚信、道德低下；要么认为政府监管不力、惩罚不严。从世界各国的经济发展过程我们可以看出，一个国家的产品质量与其所处的发展阶段高度相关，所有国家几乎都经历过质量水平由低到高，质量事件由多到少的循环上升过程。

第二章 中国制造走出困境的根本出路

　　由于现代技术革命，尤其是信息技术的进步，世界制造业获得了空前发展。英国从19世纪初到70年代的几十年间，在世界工业、贸易、海运和金融方面，都处于垄断地位。英国既是世界各国工业制成品的主要供应者，又是世界各国出口原料的最大购买者，成为世界加工厂，故称"世界工厂"。德国凭借科技创新、标准化和质量认证、双轨制职业教育这"三位一体"的体系保障，使"德国模式"胜出。除了德国完善的社会市场经济体制和严格的金融监管外，牛气十足的制造业是其抵御欧债危机的铜墙铁壁。美国在20世纪60年代初在全国推行"零缺陷"运动，"零缺陷"的思想后来传至日本，在日本制造业中得到了全面推广，使产品质量得到迅速提高，并且领先于世界水平。比如日本丰田公司通过采取追求零缺陷、将质量放在第一位的政策，不仅改变了自己的命运，也促成了各企业的制造革命。韩国作为制造业大国，苛求极致的质量竞争力，走出了一条质量崛起之路。韩国汽车制造业，几乎成为世界汽车业的神话。

　　英德美日韩制造业的业绩可观，同样，中国制造业也完全可以走出自己的道路。之所以这样肯定，一方面是历史"基因"的传承，另一方面是因为有现实可行的新路径。

从历史上看，中国古代制造业屡创辉煌成就。商周时期的青铜是红铜和锡、铅的合金，也是金属冶铸史上最早的合金，这是人类历史上的一项伟大发明。青铜发明后，立刻盛行起来，从此人类历史也就进入了"青铜时代"。秦代的制造业非常强大，尤其是军工制造，如精良的战车、闪亮的宝剑等，否则秦国的征服就无从谈起，其中秦代的弓箭尤其令世人惊叹。考古工作者在兵马俑一号坑首次发现了最完整的弓弩，尤其是"檠"的发现更为重要。这就是说，秦代武士作战时，需要将弓弩上的"檠"取下来，弯弓射箭；平时则用"檠"将弓固定，防止变形。可见兵器制造业在当时的发达程度。明代开国皇帝朱元璋修筑南京的城墙时，为了使各地制造的城砖质量以及尺寸合乎要求，下令各地监造官吏在砖上刻上名字，一旦质量有问题，立即返工重做，如再不符合要求，则治罪。这样的机制有利于加强监督，使工程质量有保证。除了传统优势，中国制造业在世界现代技术和信息技术革命过程中也并非无所建树。比如，中国香港的产品不仅价格便宜，更重要的是香港执行的是世界一流检验制度，使得质量有保证，在国内外享有很高的声誉。再如，中国台湾注重以产品质量打造品牌，有严格的产品质量管理与品保制度等。

尽管目前中国制造业存在质量等方面的问题，但由"中国制造"变成"中国创造"的崛起之路仍可实现。利用传统制造业所沉淀的技术及成功企业这些年积累的技术能力，发挥自强不息的传统文化精神，更重要的是借鉴成功者（如"丰田模式"、"零缺陷"、德国工业崛起）的经验，这是"中国制造"走出困境的根本出路所在。

国际行家给中国制造的提醒

"Made in China"（中国制造），这是 21 世纪 90 年代以来出现的世界垂直产业化分工中令全球瞩目的经济与社会现象。无论是国际社会中的外国居民、专家学者、华人群体，还是国内的仁人志士，对这一现象的解释仍莫衷一是，评价标准及结论也大相径庭。在国际开放的大环境下，中国企业必然要从"中国制造"向"中国创造"跨越，因此听听外面的声音是必要的。在各种评价及结论中，国际行家给中国制造"精益生产方式"方面的提醒需要格外关注。

中国制造商面临着种种严峻挑战，如不可逆转的劳动力成本上涨趋势、杀敌一千自损八百的价格战、变化多端的国内外市场需求等。中国制造能否面临转机？精益生产方式将成为破解困局的战略武器。精益生产对产品质量的追求是"零缺陷"，由过程质量管理来保证最终质量，这对中国制造中的质量痛点至关重要。外国专家们建言，从生产流程、库存管理和生产计划入手导入精益方法，最终创建精益型企业。

为何是精益？Sofeast 有限公司创始人、精益生产专家雷诺德·安卓兰说："中国工厂今天为什么需要精益生产方式？理由很简单，价格竞争。"他解释说，今天，中国的价格竞争异常激烈，企业已经告别高速增长的"甜蜜岁月"，进入相对稳定的低增长时代。他发现许多中国工厂现在陷入 3 种尴尬的境地：要么亏损，没有钱赚，要么只获得薄利。"他们要想生存，就必须做出改变。"他说，"如果他们十年之内仍然固守老旧的做事方式，那么他们中至少有 50% 将会倒闭。"

出于工作的需要，雷诺德·安卓兰造访过许许多多的中国工厂。他发现，这些工厂基本上都是以一样的方式组织起来，有着相同的组织结构、相同的流程、相同的工作方式。这些基本上都是同质的传统大批量生产方式。在雷诺德·安卓兰看来，中国工厂老板的常见思维就是，"为了降低成本，我需要督促员工工作得更快，工作时间更长；我需要购买更便宜的原材料和零部件"。雷诺德·安卓兰认为这不是削减成本的好方法，"这样的方法降低成本很有限，而且所有的工厂都这样做，你怎么能够做得更出色？"雷诺德·安卓兰认为更好的方法是，中国的制造工厂从传统的生产组织方式转变为精益的生产组织方式。也就是说，中国制造商需要改变其流程和组织方式。而这恰恰是他们长期忽视的问题，"大体来说，他们几乎没有优化过工厂的流程、系统和组织，他们更多的是关注如何与客户建立良好的关系，很少把工作的重点放在流程和系统上"。

如果成功地导入精益生产方式，中国制造商将能够同时获得 4 个具有战略意义的益处：降低成本、提高质量、降低最小订货量、缩短生产周期。换句话说，在削减成本的同时提升销售。"这是精益生产的真正好处。"雷诺德·安卓兰说，"精益生产方式就是中国制造商的战略武器。"

中国制造商能够快速地模仿他人的创意，并且以较低的成本快速地制造出产品，使得自己在市场竞争中处于有利地位。对此，加拿大西三一大学商学院的副院长马克·麦卡伊说，"中国制造商无法再基于低劳动成本来竞争，因为低劳动成本已经不复存在。中国制造商必须改变，否则其他更低劳动成本国家的竞争对手会抢走生意"，"如果中国制造商的竞争对手采用了精益生产方式，那么中国制造商的这一竞争优势将不复存在"。马克·麦卡伊说，因为"低成本快速地生产产品正是精益生产方式的擅长之处"。

精益的生产流程是精益生产方式的关键内容。让生产流程精益化，不仅是精益生产方式的题中之意，而且切中了中国工厂老板不重视流程优化这个要害问题。"要建立精益的生产流程，如何让员工彼此信任，绝对是最大的挑战。"马克·麦卡伊解释说，与传统生产方式的推动式系统不同，精益生产方式是拉动式系统，这就要求下一工序的员工与上一工序的员工之间高度信任。他说："以洗碗为例，有一大堆顾客用过的碗碟摆在我面前，我的工作是洗碗，你的工作是把我洗过的碗烘干，然后由其他人运走。我通常的做法是尽可能快地洗碗，然后堆在我身旁，你的做法是尽可能快地烘干。如果你跟不上我的速度而导致碗碟大量堆积在你我之间，那是你的事情，与我无关。我没有必要和你建立良好的关系，我只是做自己的工作，没有必要担心你，这就是传统的生产方式。而在精益生产方式中，我会等待你来拉动我，我才洗碗，洗完后捧着碗等待你拿去烘干。如果我们之间没有信任，当错误出现的时候，你可能埋怨我太慢，我也可能埋怨你太慢，从而导致问题变得更严重。如果我们之间充分信任，就会说'让我们一起来解决问题'。因此，工人之间必须相互信任。"

如何解决信任的问题？马克·麦卡伊认为工厂老板要鼓励员工发现生产流程中的错误，让他们感到发现彼此的错误不是什么丢脸的事，让他们懂得发现错误对解决问题很重要，否则员工们就会掩盖错误。"总之，让员工感到发现错误是一件好事，这是十分重要的。"在他看来，员工彼此信任意味着老板要让工厂一线的员工做真正的决策。在真正的精益生产方式中，每一个员工都有权在必要的时候关闭整个工厂。

"这听起来很奇怪，但是有两点很棒，一是让员工感受到责任，而一旦员工负责任，就会主动去发现和解决问题；二是在传统的生产方式下，每个人都觉得必须不断地工作，否则老板会生气。但在精益生产方式下，出现问题是十分痛苦的，其代价很高，因此问题必须解决。在问题解决之前，我们无法启动工厂。这样，问题就会很快解决，而不是像传统生产方式下久拖不决。"他说。

精益生产方式对品牌保证至关重要。事实上，国际上有许多专家曾经讨论过"中国制造"的品牌问题，这也从一个侧面反映出精益生产方式尤其是其中"零缺陷"理念的重要作用。

俄罗斯观察人士曾经指出，随着世界经济和俄罗斯经济的复苏，俄罗斯人的生活水准今非昔比，其消费观念也发生了很大变化，"以价取胜"的路会越走越窄，因此必须在中高端市场上寻求突破，大力发展自我品牌。下一步必须大力提高中国商品的品牌含量和知名度，建立比较规范的现代化营销渠道，只有这样中国商品才能在俄罗斯得到进一步发展。品牌培养是一个长期的过程。因此他们认为，对于中国产品来说，只有切实把好质量关，同时提升产品技术含量，增加附加值，并且完善海外营销方式，适应外国民众的实际需求，才能脚踏实地地闯出品牌之路。

埃及中国商会会长马宏认为，中国经济进入转型期，中埃贸易也要转型。他建议，应鼓励中国高科技自主品牌企业通过"走出去"带动出口，即在埃合资、合作设厂，既可以给当地带来就业机会，又能提升中国品牌的知名度，坚定当地经销商和消费者对中国品牌的信心。

在2011年的第五届中国品牌节上，Involvement Systems 公司总裁大卫·莫里森对中国制造如何走向高端的问题认为，中国企业要走"廉价"路线可以，但是更要注重客户服务。他说，全球500强企业沃尔玛也是以廉价著称，但是沃尔玛不仅局限于低价，而且更注重客户体验和客户服务。这对中国企业也有借鉴意义。中国品牌要在世界上走向高端，首先要做的是确立长期的目标，然后认真考量评估。"中国企业要有耐心。树立品牌形象需要时间，我觉得一个成功品牌的确立至少需要1~5年的时间"。

美国经济学家、企业家米尔顿·科特勒在全球享有"世界营销实战大师"的美名，他在谈及中国工业品制造业时指出："对于高品质产品进入发达市场时，在质量、价格方面的控制力不大，中国企业需要从品牌上获得30%的利润而不是10%~15%的市场加工费。"毋庸置疑，品牌产品可以卖得更高的价格，并且依旧具有极强的竞争力，这就是做品牌的魅力。中国制造业要争取更多的利润，就必须发展自主品牌，由代工向品牌转变。

除上述这些专家外，还有其他一些人的意见和建议，另外国内业界人士对"中国制造"的现状和未来也感受良多。所谓"他山之石，可以攻玉"，在参与全球一体化的今天，如果中国制造业能够借鉴国际行家的提醒和建议，并结合自己企业的实际情况，大胆探索，勇于创新，由"中国制造"变成"中国创造"的崛起之路就会走得顺畅。

中国制造业的本质问题

中国作为一个制造大国，制造业在经济结构中占据了相当大的一部分，几十年来的"特色经济"成就了中国的制造业大国地位。在绝对数量上，中国被赋予了"世界工厂"的称号，很多制成品出口占到了全球出口的一半以上。客观地讲，一些产品质量低下，已经造成了不良影响，总的来看中国的制造业还处于世界的中低端。究其原因，存在以下几个方面的本质问题。

一是自主创新能力不强。不少关键技术、核心技术受制于人，关键技术对外依存度高达50%左右，属于发明专利的数量很少，只占世界的不到3%，甚至远低于韩国等新型工业化国家，一些成套设备、关键零部件、元器件、关键材料还依赖进口。比如，我们的电子制造业规模是世界第一，每年生产的手机11.8亿部，一半国内、一半出口，计算机3.5亿部，彩电1.3亿台，数量在世界上绝对是第一，但是，有机无芯，高端芯片80%还是要依赖进口；我们的航空航海制造业有了长足的进步，这都是举世瞩目的，但是发动机、核心设备还是需要进口或者是依靠国外的专利，因此中央决定把航空航海发动机作为第十七项国家重大科技专项，进行攻关。我国的高铁取得了举世瞩目的成就，我们还出口到新型国家、出口到欧洲和美国，但是轴承、轮毂、轴还需要进口。我们的高端数控机床这几年发展很快，但是95%以上被国外的品牌占据。上述这些例子都说明中国的自主创新能力依然不足。

制造业的发展是需要依靠技术驱动的，但真正埋头搞科技攻关、二次研发的企业寥寥无几。从本质上说，技术研发是制造业发展的核心。但是，由于各种技术可以跨国转让，因此对于那些不具备技术开发能力的国家来说，技术并不是发展制造业的障碍。所以，当今很多发展中国家都可以从事和发展制造业，这就有了制造业全球链现象。因而产生了制造业国际分工，把一个完整的制造业体系拆解，其实就是让低端加工与其他链条分离。最后，我们看到中国制造业被死死地定格在了低端产业上。我们自己在付出大量劳动力、原材料、环境资源等各种成本之后，却获得很少的利润。

二是产品附加值低。产品附加值不高是中国制造的一块伤疤，不揭化脓，揭开流血。中国社科院的一组数据表明，这些产品的产值增加率仅为28%，与美国、德国及日本相比分别低约23个、12个及22个百分点。

以芭比娃娃为例，我们在中国制造出来的成品价值1美元，经出口，芭比娃娃在美国沃尔玛超市的零售价为9.99美元，升值近9美元。当然，我们仅仅得到制造完成后的1美元而已。也就是说，除去我们"引以为豪"的制造之外，产品设计、原料采购、物流运输、订单处理、批发经营、终端零售等产业链其他环节，被美国沃尔玛侵占了9美元的价值。

三是人力资源成本低。从理论上讲，中国拥有无限供给的廉价劳动力。不错，特殊的体制结构让城乡分割的制度造就了中国将在很长的时间里拥有廉价的剩余劳动力，这是经济发展的重要条件。但是，要说这个因素可以全然解释中国成为制造业的逻辑，则是有问题的。因为，拥有廉价劳动力的国家在这个地球上不仅是中国一个。因此，拥有廉价劳动力资源的中国，并不是世界唯一。仍然以芭比娃娃为例，一个芭比娃娃的整个价值为10美元，而制造业的劳动力成本仅仅占到1美元的25%，也就是说，实际劳动力成本仅占产品价值的2.5%。

另外，大量廉价劳动力聚集在制造业这个密集型行业，在管理上也存在漏洞，责任意识淡薄，导致产品质量得不到根本保障。由于长期以来没有注重安全生产，也没有出现重大责任事故，因此就习以为常，把安全责任落实就当作耳旁风了。

四是资源环境已经难以支撑。这方面有很多数据可以说明，工业的增长过度依赖物质资源，付出的资源环境代价太大。单位GDP能耗是世界水平的2倍，是发达国家的4倍，2012年我国的能源总耗能折合标准煤36.2亿吨，占全世界能源的21.3%，只创造了全世界产值的11.6%，这个数字很扭曲，原油进口的依存度超过56%，预计到2020年要超过69%。铁矿石按含铁量计算一半靠进口，铝和铝材一半靠进口，铜和铜材70%靠进口，所以说我们的资源确实是难以支撑的。

这里举个例子：据日本海关统计，10多年来，每年中国出口日本的筷子,就要砍伐200多万棵树,中国出口日本的方便筷子10年间总计约2243亿双,中国林业专家计算,为生产这些筷子而毁灭的山林面积占中国的国土面积的20%以上。

从环保看,尽管我们取得了很大的进步,二氧化硫一年排放2200万吨,二氧化碳没有准确的数据,简单地算一算,至少71亿吨,燃烧能源以后排出的二氧化碳,还不算生物、其他的排放,肯定是世界第一。虽然节能减排取得了成效,但是如果不加快转变方式,资源环境难以支撑。

五是产业结构不合理。落后的产能占20%,部分行业产能严重过剩。这恐怕不需要争论,确实是严重过剩,钢铁、水泥、部分煤化工、平板玻璃、造船甚至加上风电设备和光伏电池等,这些行业都是被国务院点过名的。

用业内的标准看,设备利用率和产能利用率低于75%就属严重过剩,过剩一点也算正常,但是利用率不到75%那问题就大了。上述行业统统低于75%,最低的低于35%,高新技术产业占制造业的比重只有12.5%,一些行业集成度不高,缺少具有国际竞争力和产业链整合的大企业、大集团,一些产品质量低下。毫无疑问,自主创新能力不强、产品附加值低、人力资源成本低、资源环境已经难以支撑、产业结构不合理,成为当前中国国情的真实写照,也是我们作为"世界头号发动机"所需要付出的代价。

为中国经济贡献了惊人数据的中国制造业,首当其冲成为解决或缓解这些矛盾的切入口,既迫不得已,更义不容辞。用"零缺陷"理论重塑产业链,实施零缺陷生产、零缺陷管理,提高自主创新能力、增加产品附加值,加强核心竞争力的培育、注重资源环境保护、调整产业结构,这或许是中国制造业乃至于中国经济可持续发展的根本保证。

企业核心竞争力的面子和里子

中国自古就有"相貌堂堂，必有大为"的说法，这是中国人的文化因素——重面子轻里子！有的是"贪里子"装"廉面子"，有的是"俗里子"装"雅面子"，有的是"穷里子"装"富面子"。就中国制造业而言，在发展中要"面子"，但更重要的是要"里子"。

"面子"与"里子"是企业发展的"两个基本点"，也是制造业的核心竞争力。"面子"，是企业发展的外在东西，主要指品牌宣传、网点形象、社会认可度等。国人都有要"面子"的传统，所以将这些工作称之为"形象工程"，电视、报刊、网络上要有声音、图像、文字。"里子"，是企业发展中的管理、支撑、效益。这是企业持续健康发展的基础，我们应将主要的人力、物力、财力投入在此。

"马桶盖事件"一类的新闻屡上头条最重要的原因还是如《人民日报》评论的那样，它打到了国人的一个痛点：去国外买这些小玩意儿，"中国制造"太没面子了。"太没面子"是大家对"中国制造"的不满和期望。产品的人性化设计是"日本制造"的一个"标签"；严谨、细致和可靠则是"德国制造"的一个"标签"。可是，"中国制造"的标签又是什么呢？中国作为一个全球新兴的制造业大国，仍然面临大而不强的问题。

当然，我们也不能将"中国制造"一棒子打死，不能以偏概全。中国制造在"高精尖"方面一直有着不错的成就，比如高铁就是近年来高端技术装备走向国际市场的佼佼者。2014 年 7 月 4 日，国务院总理李克强在湖南考察南车集团株洲电力机车股份有限公司时特别强调,"我每次出访都要推销你们的产品"。能够让总理拿得出手的高端"中国制造"也并不只有高铁一种,李克强同志在济南视察浪潮集团,在听取浪潮云计算、大数据产业发展汇报时,有关负责人向总理表示:"希望您像支持中国高铁一样,支持国产云计算关键应用主机走向海外。"对此,李克强当场承诺,今后出访不仅会推销中国高铁、中国核电,也会向全球市场推荐中国的云计算。应当看到,总理推销我们的高端"中国制造"不仅仅是为了有面子,更是为了有里子;而里子就是质量,保证质量要靠企业的核心竞争力。

在有产品不愁卖的 20 年前,"以质量求生存"这句话还只是一句口号。而在中国 GDP 增长从 10.4% 的世界第二大经济体到经济增速逐渐放缓的今天,在中国经济由"非常状态"转换到了"正常状态"的新形势下,中国制造业正面临着市场需求减弱且竞争加剧的严峻考验。此时,质量问题不但成为"中国制造"打开国际市场大门的绊脚石,更决定着企业能否在剧烈的市场变革中存活下来。

制造业行走江湖,核心竞争力这个质量"里子"不能没有!质量乃企业生存之本,失去了对质量的控制,也就失去了竞争的原动力,提高质量管理水平是不得不面对的重要课题。如今,摆在企业面前的当务之急是不仅要补足以前因为种种原因而落下的质量意识,而且要以合理合适的方法努力提高质量管理的水平。

要想重振"中国制造"新招牌,首先要抓好产品质量,放弃"面子工程"攻"里子"。在很多国内企业的经营思维里,包装豪华是身份、价钱的象征,这是一个极大的思想误区。正如牛奶,纵使你用镀金包装盒,一旦出现"三聚氰胺"这种食品安全丑闻,也会被市场抛弃。国外很多大牌子,他们的包装一定很出众、上档次,但是他们的质量也过硬,所以千百年不倒。

因此，国内企业应放弃做足"面子工程"的旧理念，保证食品源头的质量和安全。同时要注重提升产品自主创新的含金量，让"中国制造"产品无可替代。

当然，除了抓好产品质量，也要努力重塑中国产品新形象，让"中国制造"成为身份象征。经历了几次国内食品大震荡、山寨产品横行的创伤，世界对"中国制造"的死板印象停留于"复制、山寨"，完全忽略了中国具有自主创新的能力和"中国制造"产品具有独一无二的特点。科技上，中国有"嫦娥奔月"、高速铁路、海尔的智能家电等，这些都是中国领先世界的创新品牌，需要的只是去除世界的旧印象，重塑中国制造产品的新印象。

同时，政府方面应加大对"中国制造"自主创新的经费补助以及资金奖励，对自主创新产品给予一些政策方便。自主创新是一件耗时间、耗资金的事情，作为营利性的企业有时考虑到成本的投入就望而却步，导致了长时间国内企业"复制"外国企业专利，而缺乏创新与新意。在这种情况下，如果由政府出面，给予自主创新更多的经费支持以及后续的政策优惠，甚至对于创新失败的企业也给予一定的经费补贴，一方面可以凸显政府对于创新的全力支持；另一方面也可以增强企业投入到自主创新的积极性，帮助企业分担一部分的创新风险。

总之，"里子"是"面子"的内涵和底蕴，靠"面子"来表达；"面子"是"里子"的外在表现形式，靠"里子"来支撑。制造业应向管理质量、管理水平、发展品质核心竞争力这个"里子"倾斜，既重"面子"，更重"里子"，把握好"两个基本点"，娴熟地操纵"企业的面子和里子"之间的博弈，只有知道两者的孰轻孰重，才能为企业成长带来关键性发展方向的指引。

一切手段都是为目的服务的

中国制造业走出困境，需要以合理的手段为合理的目的服务，只有在目的和手段之间做好平衡，才能从真正意义上树立制造大国的形象。本文所说的"一切手段都是为目的服务的"，实际上就是要求首先必须正确理解手段和目的的本质。

目的和手段本是哲学的一对重要范畴。18 世纪德国唯心主义哲学家康德认为"人是目的，不仅仅是手段"，这在当时具有一定的进步性，但并没有使劳动人民摆脱沦为工具、牛马的命运，只是使劳动人民的解放前进一步。马克思则认为，人是目的与手段的统一，"以人为本"的目标指向就是一切为了人，一切依靠人。这就从根本上、全体上、最终的目标上科学地解决了人是目的的问题。

马克思的人本思想是中国制造业生产经营的哲学依据。为了更好地理解马克思的"以人为本"思想，我们需要进一步了解目的和手段的辩证关系。所谓辩证关系，就是目的和手段两者既相互区别，又相互联系、相互制约，并在一定条件下可以相互转化。

从一定意义上说，目的决定手段，手段服从于目的。所谓目的决定手段，是指当某种目的确定之后，便要求根据目的采取一定的手段。所谓手段服从于目的，强调手段是作为实现目的的手段，正是目的使某种事物成为手段，具有手段的性质。换句话说，某事物不能孤立地作为手段出现，是由于为某种目的服务方才成为手段。

同一个目的可能有一个甚至多个事物作为达到该目的的手段。特别是随着科学技术的日益发达，能达到同一目的的手段越来越多。因此，为了实现某种目的而面对多种手段，就有一个对多种手段进行选择的问题。

一般地说，最能准确、迅速而又最经济地实现目的的手段，是被优先选择的对象。但是要每项要求都达到最佳的水平是很困难的，相对的较佳水平才是现实可行的。这进一步体现了目的决定手段的意义，也体现了众多手段对同一目的所具有的不同价值。

为了实现某种目的，只能够找到相对较佳的手段，还意味着同一个手段往往不仅具有正面的积极效应，也具有一定的负面效应。事实上，仅仅只有正面效应的手段是罕见的，特别是实现复杂目的的手段更是如此。主体只能从实现目的的角度出发，选择利大于弊的手段，并在运用这种手段时尽量采取措施，削弱该手段可能发生的弊端。如果因为有某种负面效应而否认它主要的积极价值，就弃之不用，是一种片面性；反之，如果只看到手段的积极价值，而否认或忽视它的消极作用，也同样是一种片面性。

作为发展生产的市场经济体制，有些人只看到它的消极效应，并夸大了这种效应，而看不到它的巨大积极效应，这是一种片面性；有些人只讲市场经济积极效应的一面，而忽视或否认市场经济本身就具有的消极效应，也是一种片面性。现有何种手段，或从现实条件出发能创造出何种手段，决定着人们确定某种活动将达到何种目的。如果有很高的目的而没有达到目的的足够手段，那么目的再高也只是幻想。现代科学技术的发展，才使人类确定了古人无法想象的实践目的。

我国还处在社会主义初级阶段，生产力水平比较低，这是决定现阶段社会主义建设目标的主要根据。通常人们不能实现目的的原因，是脱离了现有条件可能提供的手段而主观地决定目的。在这种情况下，就要仔细审查现有手段情况，适当调整追求的目标。这正好反映了手段反作用于目的的含意。

在现实生活中，确定目的和手段，总是相互参照地进行研究和选择，即一会儿从目的出发选择手段，研究手段是否具备；一会儿又从现有手段出发，研究追求的目的是否能达到。经过目的和手段之间的反复参照，最后才能找到合理的目的和达到目的的手段，从而最终达到目的和手段的统一。不能为了合理的目的不择手段，这是严肃的道德问题。

从这里可以看出，目的和手段是任何实践活动的基本条件，没有合理的目的，或者仅有合理的目的而没有达到目的的可靠手段，任何实践过程都无法顺利进行，从而难以取得成功结果。

企业在搞清了目的和手段的辩证关系之后，就要坚持马克思主义唯物史观"以人为本"这个基本命题，建立以人为本的制度，以实现人的目的价值。制造企业要想把人的利益作为一切工作的出发点和落脚点，需要发挥自己在实践中积累的技术能力，尤其需要借鉴成功者（如"丰田模式"、"零缺陷"模式、德国工业崛起）的经验，最广泛、最充分地调动一切积极因素，最大限度地发挥人的聪明才智、人的主动性和创造性，放手让一切劳动、知识、技术、管理和资本的活力竞相迸发，从而树立"中国制造"在世界上的新形象！

第三章　大行其道的零缺陷理论

被誉为"全球质量管理大师"、"零缺陷之父"和"伟大的管理思想家"的菲利浦·克劳士比在20世纪60年代初提出"零缺陷"思想，并在美国推行"零缺陷"运动，零缺陷理论从此大行其道。后来，零缺陷的思想传至日本，在日本制造业中得到了全面推广，使日本制造业的产品质量得到迅速提高，并且领先于世界水平，继而进一步扩大到工商业所有领域。零缺陷理论的核心是"第一次就把事情做对"。

零缺陷管理思想要求遵循四项基本原则。一是一个核心，即第一次就把事情做正确。不存在质量经济学（投入产出）问题，第一次做对最便宜；正确的事是满足顾客需要的事；做正确要靠一个有效而可信赖的组织系统。二是两个基本点，即有用的和可信赖的组织。在可信赖的组织里，所有日常的业务工作每次都能正确地完成；与员工、供应商和客户的关系都获得成功。三是三个需要，即任何组织都要满足客户的需要、员工的需要和供应商的需要。四是四个基本原则，包括质量就是符合要求、预防系统产生质量、质量的工作准则是零缺陷、必须用质量代价（金钱）来衡量质量表现。实践证明，遵循这四项基本原则就是走"一次做对"的零缺陷之路。

上述四项基本原则的第四项，其具体含义是："质量就是符合要求"，这是质量的定义，而不是好。"好、卓越、美丽、独特"等表述都是主观的和含糊的。而这些要求是来自于三方面的需要，包括顾客对功能安全的需要、员工对加工安全与个人成长的需要、供应商对利润的要求。这里需要将客户要求利用质量机能展开方法转变为设计要求。一旦质量被定义为符合要求，则其主观色彩随之消散。任何产品、服务或过程只要符合要求就是有质量的产品、服务或过程。如果不能符合要求，就会产生不符合要求的结果。"预防系统产生质量"，使某些可能发生质量问题的事情不发生，为此，工作开始之前的审慎是较便宜的经营之道。如果告知已发生的事情就太迟了，因为缺陷已经产生。"质量的工作准则是零缺陷"，每一次和任何时候都要满足工作过程的全部要求，它是一种承诺，而不是"差不多就好"。要求在工作中仔仔细细制定要求、与他人协调工作以符合要求、报告错误时无须害怕、重视预防工作、避免双重标准、第一次就把事情做对，等等。"必须用质量代价（金钱）来衡量质量表现"，强调通过浪费的钱财、时间、努力、材料来衡量质量，能产生用来引导努力改进并衡量改进成果的金钱数字。不符合要求的代价，则是重新加工、赶工、计算机重复运行、存货过多、调解顾客抱怨等。

其实，零缺陷4P中一个最重要的因素就是人，要求提高员工素质的目的就是提高产品质量。这是实现零缺陷的唯一正途。这是因为，员工是企业的基础。技艺熟练、认真负责、爱岗敬业、爱厂如家、品质优秀的员工是制造优质产品的根本保证。只有高素质的员工，才会将工作视为一种快乐、一种责任、视产品质量为生命、视顾客满意为个人满意、视集体利益高于个人利益，具有"厂兴我荣，厂衰我耻"的集体观念。一个技艺较差、责任心不强、不思进取的员工，可能会因为缺乏责任感而对工作漫不经心，导致产品质量低劣。知识和技术水平是可以充实和提高的，但是，工作不负责任、马马虎虎却是一种态度问题，这就要求全体员工都要以主人翁的姿态认认真真地工作，只有这样，产品的"零缺陷"才成为可能。

"伟大的管理思想家" 菲利浦·克劳士比

菲利浦·克劳士比，被美国《时代》杂志誉为"20世纪伟大的管理思想家"、"品质大师中的大师"、"零缺陷之父"、"一代质量宗师"。他在与世界接触的75年的漫长岁月里逐渐形成和发展的"零缺陷"理论，开创了现代管理咨询在质量竞争力领域的新纪元。

"伟大的管理思想家" 菲利浦·克劳士比

纵观他的职业生涯和他的心路历程，我们就会清晰地看到"零缺陷理论"演变的脉络与发展历程：

首先是探索时期（1952～1957年），克劳士比担任质检员、质量工程师和可靠性工程师，并做兼职售货员，使他有机会用医学的思维和售货员的逻辑思考工业组织，提出了"缺陷预防"的概念和质量的基本定义。其次是形成时期（1957~1965年），克劳士比在担任质量经理和"潘兴"导弹项目经理期间，从人类学和管理学方面进行省思，提出了"零缺陷"的概念和"过程管理"的方法，并付诸实践。再次是发展时期（1965~1979年），克劳士比在担任质量总监和公司副总裁期间，从经营管理的角度提出了用钱来衡量质量的基本概念和方法；从文化变革的战略层面提出了"质量组织"、"质量学院"的基本概念和方法，并一一付诸实践。最后是成熟时期（1979~2002年），克劳士比在担任美国质量协会总裁和创立、领导"克劳士比学院"期间，提出了"质量免费"的原理、质量管理的"四项基本原则"、组织的"质量完整性"概念、"质量领导力"概念，以及"创建质量文化"、创建"永续成功的组织"和"可信赖的组织"的理论与方法。因此不难发现，"零缺陷"管理理论的形成不是偶然，它是与克劳士比独特的个性和经历密不可分的，从质量演变的角度来看，这是事物发展到一定阶段的必然产物。

从"零缺陷"思想的发展因素来看，克劳士比的特殊经历使得他有机会从不同的角度利用不同的眼光去感受、体察和思考不同的组织及其之间的关系，有机会比别人更能透过繁杂的现象洞穿组织的本质。简而言之，有五种关键因素对"零缺陷"思想的形成和发展起到了巨大的推动作用：

第一是医生的视角。作为出身于医学世家，也开过诊所的克劳士比来说，他在看待问题时，与工业界人员的最大区别就是他的人本主义、事前预防式的思维方式。医生的职责就是医治病人，目的是治愈病人，不能出任何错，一旦考虑不周势必危及生命。与此不同的工业界看待问题则是物理主义、事后"验尸式"的思维方式，等到事情发生了再去分析是什么原因。这当然也是因为他年轻时所处的时代，工业界主导质量管理的是以事后检验为主的思维方式，产品制造完成后就是对全部的产品进行挑选的一个过程。克劳士比使用"预防系统"来取代传统的事后质量检验和控制方式，这是他杰出的贡献，也是质的飞跃，也正是这个"预防系统"给后来的六西格玛发展指明了道路。

第二是店员的感悟。由于生活的压力，克劳士比一度在一家男士专卖店做兼职售货员，这让他深刻地认识到"满足客户的需要"对于质量的深刻意义。也就是说，如果出售的产品不能满足顾客的要求，就有可能导致产品滞销或便宜处理，或者重做，这就是典型的产品不符合顾客要求的代价。这个阶段的经历让克劳士比深刻地领悟到了质量工作与客户忠诚度、与利润的内在紧密联系。

第三是项目的实践。作为管理上千人的项目经理，克劳士比清楚地知道使用统一的质量定义、形成共同的工作语言的重要性，就是说清楚地知道顾客的要求，因此就必须促使内部流程之间的关系改进，使得内部流程清楚、及时地知道顾客的要求，并且保持这些要求得到准确、及时地控制，而不至于因为流程的沟通不畅导致顾客要求得不到清晰的传递，这样可以有效地改善客户和供应商之间的关系。

第四是高层的承诺。克劳士比曾经做过35万人的集团公司副总裁，他始终坚持"质量是政策和文化的结果"，而不是技术活动，只有改变现有的工作习惯与心智，才能获得机会和利润。因此，他要求高层管理者必须紧紧地抓住两点不放，一点是制定政策以表决心，另外一点是"两个坚持"。一是要坚持"第一次就把事情做对"的工作态度；二是要坚持用卓越绩效衡量质量已获得的价值，不断地追求卓越。

第五是企业家精神。从单枪匹马打天下到5年后成为华尔街第一家上市的咨询公司，并实现了全球化运作，克劳士比一举成为美国的"商界传奇人物"。他深知客户、员工和供应商对于一个组织的重要意义，他提出了未来的质量解决方案就是"完整性"（完整性是综合财务、品质和关系）的概念，并将"创新与适应"的精神根植到现代质量管理当中，其目的就是要创建"可信赖的"、"永续成功的组织"。

"零缺陷"管理基本框架是，以客户为中心、以结果为导向，通过流程的再造与优化，更快、更佳、更经济地使得第一次就符合要求，创建出生命系统强壮的、以预防为主的可靠组织。这一框架具体包括五个要点：①一个中心，即第一次就把事情做正确；②两个基本点，即成为有用的和可信赖的组织；③三个需要，即任何组织都要满足客户的需要、员工的需要和供应商的需要；④四项基本原则，即质量就是符合要求、预防的系统产生质量、质量的工作准则就是零缺陷、必须用质量代价（不符合的质量折合成的金钱损失）来衡量质量表现；⑤卓越表现结果，即在客户满意、员工满意、财务管理、生产效率和利润水平五个方面取得卓越绩效。

"零缺陷"管理问世以来，为经济的快速发展起到了助推器的作用。在国外，"零缺陷"早在20世纪60年代就已经闻名于世，伴随零缺陷理论的不断完善和发展，零缺陷管理已经成为国外企业的共识，加上很多的管理方式共同作用，有的时候很难分辨是纯粹的零缺陷理论模式、流程管理或是精益生产。在国内，我们受全球化管理理论影响是从1978年改革开放开始的，如果说是里程碑的话，1990年以后非常明显，不同的管理理论在中国百花齐放，各自独立又相互交叉地发挥影响。

别拿人们难免犯错误的"难免论"说事

一般人们认为"人总是要犯错误的",所以对工作中的缺点和出现不合格品持容忍态度,不少企业还设立事故率、次品率等,纵容人们的这种观念。追求质量已是一种管理的艺术,在中国,质量管理起步晚,如果我们能建立正确的观念并且执行有效的质量管理计划,就能预防不良品的产生,使工作发挥高效生产力而且充满乐趣,不会整天为层出不穷的质量问题而头痛不已。

"零缺陷"又称无缺点,它抛弃传统的"缺点难免论",树立"无缺点"的观念,因为人都有一种"求全"的基本欲望,希望不犯错误,把工作做好。因此,企业要树立零缺陷的理念,就别拿人们难免犯错误的"难免论"说事。最重要的是要求生产者或给生产提供支持的相关者,从一开始就本着严肃认真的态度把工作做到准确无误,在生产过程中从产品的质量、成本、效率、交货期等全过程、全方面的要求来合理安排,而不是依靠事后的检验来纠正。

零缺陷管理一个重要的基本原则是:质量的标准是零缺陷。零缺点也不是说绝对没有缺点,或缺点绝对要等于零,而是指要"以缺点等于零为最终目标,每个人都要在自己的工作职责范围内努力做到无缺点",不留缺陷、追求卓越。零缺陷管理作为管理的起点,是保障产品零缺陷的基础,是企业的根、企业的本;质量零缺陷就是企业茂盛的枝叶,只有根深叶茂,企业大树才能茁壮生长。

第一次就把事情做对

"零缺陷"要求实施中要第一次做对,不能把工作过程当试验场或改错场。第一次做正确,就是防止不符合要求的成本产生,从而降低质量成本、提高效率。正如克劳士比在《零缺点的质量管理》中所说的:"质量是免费的,虽然它不是礼物(可以不劳而获),却是免费的。真正费钱的是不合质量标准的事情——没有在第一次就把事情做对。在美国,许多公司经常花费总营业额15%~20%的费用用在测试、检验、变更设计、整修、售后保证、售后服务、退货处理,以及其他与质量有关的成本上。"

"第一次就把事情做对"这个概念也许令人疑惑:怎么可能第一次就把事情做对呢?人又不是神仙,怎么可能不犯错呢?不是允许合理的误差吗?不是允许一定比例的废品吗?其实,这句话并不是说人不可以犯错误,而是指对待工作必须要有一种坚持第一次就做对、符合所有要求的决心和态度。对待错误,即使是微不足道的差错,也绝不放过,一定要消除错误,避免其再次出现。

在沈阳华晨金杯汽车有限公司,首先映入人们眼帘的就是悬挂在车间门口的条幅——"第一次就把事情做对"。比如,他们在组装产品时,如果一个缺陷在其生产现场得到纠正的成本为10元,在组装完毕后纠正的成本估计为100元,那么发到客户现场安装时派服务人员去处理的费用可能就是1000元,而因事故给客户造成的损失可能就是10000元,甚至更多。华晨人经常这样计算:假如"第一次就把事情做对",那么成本会降低多少元、效率会提高多少倍。企业的利润很微薄，华晨公司产品的净利润只有 3.25%，而假如"第一次就把事情做对"，我们的成本会降低 1.8% ~ 2.6%，相当于提高了公司利润的 55% ~ 80%！换句话说，在我们公司，如果"第一次就把事情做对"，等于运作一年就赚了一年半以上的利润！假如把这些"多余的利润"拿出一部分（比如 20%）奖励那些"第一次就把事情做对"的员工，公司上下的工作态度和工作效果会怎样？在这样的严格要求下，员工的思维、做事的态度会怎样？他们将来的职业生涯的发展前景会怎样？

只有第一次就把事情做对，那些浪费在补救工作上的时间、金钱和精力就可以避免，生产成本也会大大降低。就质量的经济成本而言，事后弥补错误比起提前防范错误所花的代价要大得多。

高质量来自零缺陷的产品，"错了再改"要花费更多的金钱、时间与精力，强调"第一次就做对"非常重要。每一个人若在自己的工作中养成了这种习惯，凡事先做好准备及预防工作，认真对待，防患于未然，在很多情况下就不会有质量问题了。因此，追求产品质量要有预防缺陷的观念，凡事第一次就要做好，把"第一次就把事情做对"当作工作准则。

避免双重标准，绝不允许有错误

零缺陷管理极其重视预防，这是它的四项基本原则之一，即"质量制度是预防，预防系统产生质量"。如果我们允许员工的工作出现失误，就给不合格品的出现创造了机会。比如将合格率定为 99.5%，那么就意味着每个人允许出现 0.5% 的不合格品，当所有员工都同时失误时，可以想象那时的产品合格率是多少。因此，我们要改变传统的习惯和思维，必须从开始就提高标准，不给质量问题出现的机会；在实践中，生产过程中每件事情第一次就要做对，避免双重标准，绝不允许有错误。

事实上，酿成错误的因素有两种：即缺乏知识和漫不经心。知识是能估量的，也可以由经验和学习而充实改进，但是，漫不经心却是一种态度的问题。正是由于员工特别是管理者对质量的认识不够，对一些看似细微的工作和过程不够重视，造成各种各样的质量问题，并且屡屡发生。解决的思路就是全体员工对任何与质量有关的工作和过程都要重视，并小心谨慎。

我们当中的许多人包括高级管理人员却认为"零缺陷"这个构想不切实际，尤其在企业目前人员素质及管理水平较低的情况下，甚至有人以"是人类就必然会犯错"的理论来排斥它。但是"零缺陷"质量管理方法在世界上几十个国家、几百家企业中实行后，都取得了明显的效果。以汽车行业为例，20世纪60年代，日本的企业和我们目前企业的情况非常类似：机械设备落后，员工的质量意识淡薄，生产的产品是次品、废品的代名词。他们从美国引入"零缺陷"的质量管理思想后，站在顾客的立场上，认认真真地抓落实，产品质量不断提高，在世界市场上打败了美国和欧洲的竞争对手。

零缺陷管理一个重要的基本原则是质量的定义是符合要求，只有在符合全部要求时才算合格。另外，原则上还要求用PONC来衡量质量的表现。PONC的意思是"质量代价"，用公式表示就是：$PONC = COST - EFC - POC$，其中，COST是指总成本，EFC是指无失误运作成本，POC是指质量成本。如图3-1所示。事实上，不符合要求的代价就是客诉、客退、不良返工，等等。

在这些方面，扬子江药业做得很好。为了确保产品零缺陷，出厂的产品质量100％合格，扬子江药业给产品生产过程中加上了"双保险"。他们在生

PONC，30%　　　　　　EFC，30%

POC，40%

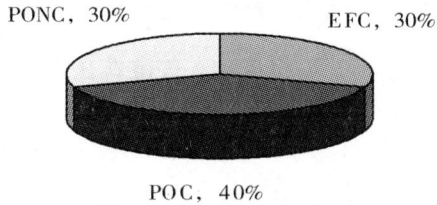

图 3 – 1　PONC 成本模型

产过程中严格按照各项规定进行操作，一方面实现"复核制"，即一人操作，一人复核，保证整个生产过程的均一性和稳定性。另一方面实现"反考核制"，即下道工序的员工负责对前道工序的质量情况进行反考核，而且每个单元操作都有真实、及时的原始记录。

为了从源头上保证产品质量，扬子江药业将产品质量要素延伸到物料供应商，在对供应商的控制管理上，他们选择行业内最好的供应商，对关键注射剂原料采取"驻厂监督"的方式进行管理。为了提高产品质量，他们参考德国 JRS 公司、美国巴斯夫公司的质量标准，对部分固体制剂辅料的色点进行了研究，制定了非常严格的色点内控标准并已经开始实施。

为保证产品出厂前存储期的质量，扬子江药业投资 2000 多万元，建立了两座智能型自动化立体仓库，采用先进的库存计算机管理控制系统，并安装了温湿度自动控制系统。同时，配备调温货车运送药品，提高了流通环节的药品质量控制力。

扬子江药业对质量永无止境的追求，不仅表现在过程控制、检测上，更表现在"质量月"活动上。他们每年分别在 3 月和 9 月开展两次声势浩大的质量月活动，每次活动都选好主题，召开"质量月"活动动员大会，发动广大职工全员参加，如今已连续举办了 23 届。主题鲜明、针对性强的质量月活动，不仅牢牢绷紧了职工的质量弦，提高了全员质量意识，而且通过职工的自检、自查、自纠、互检、互查、整改，把质量隐患消灭在萌芽状态。

总之，零缺陷能否实施并取得成功，关键就在于管理层能否真正取得共识，尤其是企业主要领导人的观念和重视的程度，并且一定要避免双重标准，否则必定出现错误！

质量是芭蕾舞，而不是曲棍球

克劳士比极富艺术性地提出：质量是芭蕾舞，而不是曲棍球。曲棍球是一种体育运动项目，曲棍球比赛时球员必须根据球场上瞬息万变的情况，判断如何进攻和防守，人们欣赏的是球员的激情"表演"，其更多的是一种力量与速度的展示。在曲棍球比赛中，如果球员因失误被对方进一个球，他可以努力多进对方几个球，最终也许还会获胜。而芭蕾舞在演出前都经过设计、讨论、规划、检查以及详细节目安排。每一个布景道具的放置、每一段乐章的时间、每一段剧情的展开及每一个音乐的节拍，都经过周密的考虑和精心的策划。芭蕾舞演员追求的是一种零缺陷，也就是完美的境界。因为任何一个细小环节的疏忽，都会影响最终的演出质量和观众（顾客）的美感。

审视我们的日常管理工作，我们的干部可能更像曲棍球型：到处不停地巡逻、查找、解决问题。争论、罚款、加班以及在现场马不停蹄地跑来跑去，似乎都已习以为常。而找出和解决问题的多少，似乎已成为其成就的标志。如果我们仔细统计分析，将会发现其中大部分问题惊人的相似，却日复一日地发生着，每发生一次就会再解决一次。而芭蕾舞型的管理人员则比较专注地向着既定的目标迈进，很少受到意外的干扰。解决问题常常斩草除根，不留后患。

如果采用人盯人的现场管理办法，在当今快节奏的生产下，是不可能实现零缺陷的。零缺陷应从自主管理开始。只有建立一个行之有效的质量管理体系规范，在内部形成一个质量持续改进的良性循环，才能实现零缺陷的目标。

自主管理能从个人、小集体、团队出发，通过全员的自检、互检，通过自己分担本部门负责的工作来提升品质，突破了之前单纯由监管部门负责的方式，能提高工作效率，创造良好工作环境，遵守相关管理规定，使品质工作落实得更彻底，很大程度上降低了品质风险，给客户带来优质且放心的产品，从而更快地实现公司经营目标。在质量管理中，品质行为往往表现为是否严格遵守规定，是坚持质量第一还是产量第一，是实行问题处理还是问题预防机制，有无实行自检、互检等全员参与的品质控制方式。

在生产厂质量管理中，我们经常看到对待品质问题持不同观点的员工，不论其所受的教育程度、经验、技能等如何，他们不外乎分为两种，一种是视品质问题为改善提升契机而努力，另一种是视品质问题为前进阻力，极力维持现状。前一种人对工作总是抱着认真负责的态度，一丝不苟，具备积极向上的精神。一般除了主动完成现有工作任务之外，还能利用自身学到的知识与经验，冷静地分析问题发生的原因，找出其关键所在，遇到困难时不怕辛苦与麻烦，设法利用各种可能条件去解决，不断地取得更大的进步。同时使个人的品质意识和处理能力提高到一个新的高度，为实现更优质的品质目标打下了坚实的基础。后一种人则安于现状，害怕去面对较困难的品质问题，认为能符合一般的要求就可以了，过多的要求即是无理，工作中表现为按章行事，有规定即做，无规定或规定实不实行对最终结果影响不大时则不愿去做。这样制程中的产品品质易处于一种波动的状况。同时，因其是经过多环节、多人员操作，每一个工位都是品质控制中的关键点。

如何能保证每一个工序的产品受控呢？如以纪律的方式要求也不能避免不出问题。最有效的方法是培养每一位操作工人的自我管理能力，进行自检、互检，多一双眼睛去控制，达到全面质量管理。开展全面质量管理活动，让员工自由发表并行动起来解决现场的品质问题。对员工进行充足的岗位教育和品质意识灌输，使员工知其然也知其所以然，时刻不放松品质；为员工创造良好的工作环境，帮助其解决工作上的品质难点；严格遵守作业现场规定，如作业指导书、作业流程、管理制度。

职工素质的提高是自主管理推行的关键点。自主管理毕竟是人心理自发的一种方式，做与不做仍然是个人决定的问题，品质管理中的职工作为品质体系中的核心部分，其一举一动是被动地接受管理还是主动适应管理产生的效果会有明显不同。而让员工从被动地接受管理到主动地接受管理除了以上两点之外，最重要的是要将员工个人的素质提上去。

预防产生质量，检验不能产生质量

质量是产品生产出来以后所呈现的结果。有的人错误地认为：质量是检验出来的。从过程管理的角度来看，质量绝对不是检验出来的，质量应该是设计和生产出来的。懂得这一点，就会明白为什么有些企业质检人员一大堆，而且整天忙得要死，产品质量却一直未见提高。

"一代质量宗师"菲利浦·克劳士比，以事前预防式的思维方式，使用

"预防系统"来取代传统的事后质量检验和控制方式。传统的检验是在过程结束后把不符合要求的产品检验出来。检验之后告知已发生的事情已经太迟、缺陷已经产生，有缺陷的产品无法满足顾客的要求。而预防发生在过程的设计阶段，依靠沟通、计划、验证以及逐步消除出现不符合项的可能性，预防做得越好，质量出现不符合的项目就越少，因此说预防产生质量。通过预防产生质量，要求资源的配置能保证工作正确完成，而不是把资源浪费在问题的查找和补救上面。

过去企业总是对花在预防缺陷上的费用能省则省，结果却造成很多浪费，如材料、工时、检验费用、返修费用等。应该认识到，事后的检验是消极的、被动的，而且往往太迟。各种错误造成需要重做的成本，常常几十倍于预防费用。因此，应多在缺陷预防上下功夫，也许开始时多花些费用，但很快便能收回成本。

预防是在错误出现之前就消除错误成因，而不是后期的检查和改正错误。预防包含着思考、计划和分析过程，以预测错误会出现在哪里，然后采取行动以避免错误产生。克劳士比认为，"培训、纪律、榜样和领导可以产生预防"。管理层必须下决心持续地致力于营造以预防为导向的工作环境。

质量是每道工序生产出来的，只有好好重视生产过程中的质量，才能有效地保证产品质量水平。在精益生产过程中，实现产品质量零缺陷，必须坚持"三不"原则，即"不制造不良品、不流出不良品、不接受不良品"。这是对待不良品的基本原则，也是首先必须保证的原则，是保证品质"零不良"的基础。

不制造不良品：这是每个现场生产人员首先必须保证的，只有不生产不良品，才能使得不流出和不接受不良品变为可能；不流出不良品：作为操作者一旦发现不良品，必须及时停机，将不良品在本工序截下，并且在本工序内制定处置和防止再发生的对策；不接受不良品：后面工序的人员一旦发现不良品，必须立即在本工序实施停机，并通知上道工序。上道工序人员也必须立即停止生产，追查原因，采取对策，控制流出的不良品。

质量百分之百合格不是检出来的，而是做出来的。同样一条冰箱生产线，在海尔，就会生产出优质的产品，而在其他企业，就可能生产出有问题的产品。海尔之所以成为世界名牌，第一靠的是质量，第二靠的是质量，第三靠的还是质量。

在海尔流传着这样一个故事：在海尔总部接受完系统的产品知识培训后，来自巴基斯坦的海尔员工开始走进洗衣机事业部生产车间实习。刚刚走进生产现场的巴籍海尔人斯得瓦特·犹拉对洗衣机组装工艺及操作非常感兴趣，而且学习得非常认真、非常快。在师傅的现场指导下，犹拉很快就可以非常规范地使用气枪上螺钉了。看到犹拉的操作那么娴熟，师傅们都对他满意地点头。

忽然间，斯得瓦特·犹拉停止了操作，把手中的一枚螺钉拿给师傅看："这枚螺钉是不合格的，不能用。如果用上了，会影响产品质量！经过几天的现场实习，我发现每个员工都是按最高质量标准在工作，上一道工序有问题决不放到下一道工序。我们一定要把海尔这么好的做法带回巴基斯坦，生产出和总部一样高质量的产品来，因为这就是标准。"拿着那枚螺钉，犹拉深有感触。

原来，犹拉在刚来海尔总部接受企业文化和产品质量培训时，对师傅讲的"任何有缺陷的产品都是废品"的印象特别深刻。

产品是由人制造的，高质量的产品是高素质的人制造出来的。因此，产品质量取决于工作质量，如果在产品设计质量确定的情况下，产品合格率将主要由工作质量决定，即工作的准确率将是产品合格率的保证，而工作由多个工作过程构成，每个过程又由多项工作活动和动作构成。人所完成的每一个动作往往是由人的意识控制的，员工质量意识强、素质高，工作完成的质量就高。因此，产品质量最终是由员工素质决定的，检验只是事后保证，再严格的检验也检验不出高质量的产品。

总之，产品质量是生产出来的，不是检验出来的，只有全体员工的质量意识不断增强，产品质量才能得到保证。

第四章 世界级制造技术的核心
——精益管理

　　精益管理是源自日本丰田汽车公司精益生产方式的一种管理哲学，它是运用"精益思维"以最小资源投入，包括人力、设备、资金、材料、时间和空间，创造出尽可能多的价值，为顾客提供新产品和及时的服务。并强调企业在为顾客提供满意的产品与服务的同时，要把浪费降到最低程度。消除浪费现象是精益管理的最重要的内容。精益管理在世界上已经被推广到各个行业，而对于制造型企业而言，它可以使库存大幅降低，生产周期减短，质量稳定提高，各种资源（能源、空间、材料、人力等）的使用效率提高，各种浪费减少、生产成本下降、企业利润增加。同时，员工士气、企业文化、领导力、生产技术都在实施中得到提升，最终增强企业的竞争力。对于服务型企业而言，提升企业内部流程效率，对顾客需求做到快速反应，可以缩短从顾客需求产生到实现的时间，大大提高了顾客满意度，从而稳定和不断扩展市场占有率。精益生产理念注重源头质量控制，这意味着必须一次就把工作做好，而一旦出现错误，就立即停止该工序或装配线的工作。工人成为自己工作的检查者，每人都必须对产品质量负责。

　　目前，中国制造业的软肋还是质量治理，质量问题依然是横在我们前进道路上的一只拦路虎。制造业是重要的基础产业，在国民经济发展中起着重要的作用。在世界产业转移的形势下，中国制造业面临着一次重大的发展机遇。只有参照日本经济发展的经验，根据自身特点来灵活运用精益原则，如倡导"做正确的事"的工作方法和培养"做正确的事"的人、由顾客确定产品价值结构、变"成批移动"为"单件流动"、消除产业价值链的浪费等，这样才能找到切合实际的生产管理转型之路。我们必须从现在做起，精益求精、持之以恒地抓好质量治理，抛弃"凑合"的工作态度，将全面质量治理真正落实到企业的各个角落，把"实现产品零缺陷"作为不懈努力的目标。只有这样，企业才能在激烈的市场竞争中占有一席之地。

源自于丰田生产方式的一种管理哲学

精益管理，源自于精益生产，是衍生自日本丰田生产方式的一种管理哲学。后来，这一模式从生产领域拓展到管理领域，并成为行之有效的战略管理理念。精益管理的核心在于最大限度地降低各种形式的浪费，能够通过提高顾客满意度，降低成本，提高质量，加快流程速度和改善资本投入，使股东价值实现最大化。今天，精益管理已经风靡全世界各个行业，并为现代生产做出了巨大贡献。

20 世纪 50 年代，"二战"后的日本经济萧条，缺少资金和外汇，怎样实现日本的汽车工业精益生产？日本的社会文化背景与美国大不相同，日本的家族观念、服从纪律和团队精神是美国人所没有的，日本没有美国那么多的外籍工人，也没有美国生活方式所形成的自由散漫和个人主义的泛滥。

1950 年，日本企业家丰田英二考察了美国底特律的福特公司轿车厂。当时这个工厂每天能生产 7000 辆轿车，比日本丰田公司一年的产量还要多。怎样实现日本的汽车工业精益生产？是照搬美国的大量生产方式？还是按照日本的国情，另谋出路？丰田英二决定选择后者。因为在当时，日本的经济和技术基础与美国相距甚远，不可能全面引进美国成套设备来生产汽车，而且日本当时所期望的生产量仅为美国的几十分之一。丰田英二在他的考察报告中写道："那里的生产体制还有改进的可能。"一种新的生产管理方式呼之欲出。

1956 年，时任丰田汽车公司副总裁的大野耐一第一次到美国，他参观了通用公司、福特公司的汽车工厂，但这次更使他着迷的是美国已经普及的超级市场。而超级市场一方，则必须根据顾客的需要准备好各种物品并在顾客买走后及时准确补充。美国的超级市场启发了他的想象力：通过看板把生产线与生产线之间、总装厂和零部件厂之间以及丰田公司和它数以百计的外协厂家之间联系起来，形成一个自律运转的准时生产系统，实现工厂初步的精益生产。实现准时生产（Just In Time，JIT）需要一个与之配套的信息手段——看板管理。看板通常是一张装在塑料袋里的长方形卡片，上面详细记载着零部件的名称、存放地点、领取或生产数量等信息。

在当时的丰田汽车公司，生产活动中的浪费现象很多，常见的有：提供有缺陷的产品或不满意的服务；因无需求造成的积压和多余的库存；实际上不需要的加工和程序；不必要的多余搬运；因生产活动的上游不能按时交货或提供服务而等候；人员在工作中不必要的动作，提供顾客并不需要的服务和产品。要努力消除这些浪费现象，应该以最小的资源投入，包括人力、资金、时间等，创造出尽可能多的价值，为顾客提供最新的产品和及时的服务。这是精益管理最重要的内容。由于实现了准时生产，丰田公司1980年的流动资金周转次数达到了每年87次，流动资金周转天数仅为4.2天，在资金生产上创造了业内的奇迹。

日本丰田汽车公司的精益管理方式，是最适用于现代制造企业的生产管理方式。精益管理要求企业的各项活动都必须运用"精益思维"，就是以最小资源投入，包括人力、设备、资金、材料、时间和空间，创造出尽可能多的价值，为顾客提供新产品和及时的服务。"精益思维"下精益管理的目标，可以概括为一句话：企业在为顾客提供满意的产品与服务的同时，把浪费降到最低程度。

讲究精益之道的企业雇用的是"一整个人"，不讲究精益之道的企业只雇用了员工的"一双手";走精益管理道路的企业发挥的是"1＋1＞2"的功效,而没有精益管理思想的企业只是单纯员工个体的相加。尊重员工、给员工授权和实行团队工作会让一个企业更好地把精益管理推广下去。很显然,这是公司发展壮大到一定程度所必须走的一条路。

做正确的事和正确地做事

做正确的事和正确地做事,是精益管理中的重要命题。"做正确的事"是指首先要决策正确,找对方向与目标;"正确地做事"是指方法选择正确,要有效率。如何理解两者的关系是本命题的关键。"做正确的事"是基础和前提,也就是说只有先找到了正确的事去做,然后才是选择正确的方法去做。比如,企业只有先找到适销对路的"正确产品"去生产,然后才是用正确的方法去生产。如果反过来,只有正确的方法而没有正确的目标和方向,只能是越走越偏,越正确地去做一件错事,就会错得越多;同时,做了正确的事但却没有正确地去做,也不会取得较好的效果。所以"做正确的事"是"正确地做事"的前提和基础,"正确地做事"是"做正确的事"的方法和保障,我们应在"做正确的事"的基础上再"正确地做事"。

精益管理认为,所做的"正确的事",指的是企业战略层面的问题。一方面,依靠资产保值增值的战略(高效的运营机制、建立以客户为中心的文化、形成供应商战略联盟、培养形成核心业务、选择合适目标市场、发展集成产品、建立学习型组织等)达到满足顾客要求;另一方面,从预防的角度来说就是规划清晰的企业战略,确保达到顾客满意的同时保证企业运营绩效做到卓越，是组织永远不懈的追求。

将所做的事"做正确"，指的是执行层面的问题。在战术层面的理解，就是做对。将战略分解到业务部门甚至业务单元，确保战略的实现。业务层面的执行是战术，借助业务流程的再造与优化等技术、工具、方法，以结果为导向，借力目标管理方式使得各个过程（这里指的是产品的实现过程以及支持产品实现的过程，支持产品实现的过程是指销售、质量、研发、人力、采购等部门所做的活动过程）都满足既定清楚的客户要求转化来的质量特性。主体的人通过学习改变提高自己，从而更快、更佳、更经济地在第一次就符合要求。

对于这个过程，无论是用"零缺陷"还是"0缺陷"，其实都在描述着同样一件事情，那就是绝对不接受不符合项（缺陷）。换句话说，就是第一次就把事情做对（零缺陷），而不是忙着改正错误，修修补补；是说到做到（诚信），不打折扣，而不是差不多就行。因此说，零缺陷不是讨论项，更不是选择项。它是做人做事的基本道理，是常识，也是习惯。

既然如此，我们就不能坐在云端上抽象地探讨诸如"是下雨好还是不下雨好"的问题，而是应该脚踏实地，在做人做事的现场"揭示"工作与生活的意义；我们也不是在会议室里谈笑风生地制定什么战略，然后等着各部门及其员工们自动去"搞掂"，而必须在做事的现场通过沟通、指导，帮助全体人员达成共识，并通过行动实现目标。

对企业而言，倡导"正确做事"的工作方法和培养"正确做事"的人与倡导"做正确的事"的工作方法和培养"做正确的事"的人，其产生的效果是截然不同的。前者是保守的、被动接受的，而后者是进取创新的、主动的。

麦肯锡资深咨询顾问奥姆威尔·格林绍曾指出："我们不一定知道正确的道路是什么，但却不要在错误的道路上走得太远。"这是一条对所有人都具有重要意义的告诫，他告诉我们一个十分重要的工作方法，如果我们一时还弄不清楚"正确的道路"（正确的事）在哪里，最起码，那就先停下自己手头的工作吧！

由顾客确定产品价值结构

企业的核心竞争力来自于自身，最终结果都是为了创造价值，即为合作伙伴和为顾客创造价值。企业创造的价值越大越多，那么需要的人就会越多，使用的人就会越满意，合作伙伴们就更愿意与你合作，自身利润也就越高，就更有能力去创造更大的价值。

一个企业从设计产品开始到产品交付顾客以及后续的服务完成的整个过程中，存在诸多的活动环节，这众多环节中的每一个活动并不一定都能创造价值。企业所创造的价值实际上来自于企业价值链上某些特定真正创造价值的经营活动，这才是企业价值链的"战略环节"。但这些所有创造的价值又不一定都是顾客真正需要的价值。企业过去的价值观是以自己为中心，完全由自己设计和制造产品或服务项目，并尽其所能扩大影响来增加利润，如增加额外的功能、宣传广告、促销活动及大量的人力推广或服务。这些画蛇添足的功能，并不一定是用户所需要或必需的。其他的一些并不为用户创造价值的活动，最后都将大量地以浪费成本的方式转嫁给了用户，而用户享受到的恰恰只是为实现这个转嫁的没有价值的殷勤服务或莫名的噱头。事实上，企业在某些特定的能真正为顾客创造价值的战略价值环节上的优势，才是企业在竞争中能够长期保持的优势。把握住了这些关键环节，也就把握住了整个价值链。企业价值链已成为判定竞争优势并创造和维持竞争优势的一种基本工具。

顾客确定价值，就是以客户的真正需求来确定产品的价值结构，产品价值的组成、比例及其价值流程。企业从设计到生产再到交付的全部过程，以实现客户的最大满足来确定企业的某一种产品具体提供给顾客的具体的利益，以及每种利益的数量；还要确定顾客购买产品的各种支出、各种支出的数量；各种利益、支出之间是一种什么样的联系；各种利益和支出是按照什么样的流程来实现产品价值的，以客户的观点确定价值还必须将生产的全过程的多余消耗减至最低，不将额外的花销转嫁给用户。精益价值观将商家和客户的利益统一起来，而不是过去那种对立的观点。精益价值使产品带给顾客的经济价值增加，使顾客有利可图，同时企业也能赚得足够的利润。

在当前信息经济社会的背景下，由于高素质的人才、低成本的信息、先进的技术、成熟的管理模式、顾客的强势购买力等外部环境因素，企业已具有了经济的满足顾客多样化需求的社会条件。企业竞争的焦点是如何利用工业社会的规模优势和信息社会的信息低成本优势，来满足顾客个性化的需求。这时候，产品的价值结构就由顾客来确定了。当然，在社会经济条件下，企业由于经济性的约束，大部分情况是企业提供一个价值组成清单，在清单的范围内，由顾客确定产品价值结构。精益管理的出发点是产品价值结构，价值结构最终只能由顾客来确定，而价值结构也只有由具有特定价格、能在特定时间内满足顾客需求的特定产品（商品或服务，而经常既是商品又是服务的产品）来表达时才有意义。

变"成批移动"为"单件流动"

"成批移动"和"单件流动"是精益管理的概念。成批移动是工业社会的特征，随着社会的进步、经济的发展，在信息化社会的今天，通过单件移动降低移动批量，将大大降低项目的负价值活动。那么，什么是"成批移动"和"单件流动"？

"成批移动"就是在制品成批地在各工作地加工，并按工艺流程成批地经过各工作地移动。"单件流动"就是在制品一件一件地按照工艺流程经过各工作地进行加工，并连续移动。

成批生产的在制品必须等到每一批都生产完，才能搬运到下一道工序去，所以各个工位所加工出来的产品堆积在设备旁，产生大量的在制品，并且使工序间的生产联系和管理工作复杂化。在前道工序的整个批量加工尚未结束之前，后道工序无法得到所需要的零部件，必定造成等待，以致生产周期拉长。此外，因为认为要充分使用设备，所以前道工序完成的在制品，只要下一道工序的某一台机器设备有空的话，就先安排进去，造成每一批产品都有可能在每一台相同功能的机器设备中生产，从而形成乱流的生产现象。

在成批生产条件下，形成多品种周期性的轮番生产的特点。工序越多，以及同一工序的机器台数越多，其可能的组合方式也就越多，因此乱流的程度也就越高。此种现象增加了对不良品控制与现场管理的难度。另外产品切换也需要相当的时间和工作，这样产品的周转环节多、加工周期较长。

"单件流动"，就是在制品一件一件地按照工艺流程经过各工作地进行加工、并连续移动，即按照工作流程将作业场地、设备（作业台）合理配置，一般划分为几个工作段，产品在每个工作段生产时，零件一个一个地经过各种工作地进行加工、移动，不是一批一批地加工、移动，每个工序最多只有一个在制品或成品。在每个工作段中从生产开始到完成之前，没有在制品放置场地及入箱包装的作业。作业人员随着在制品走，从作业区的第一道工序到最后一道工序都是该作业人员操作。

事实上，如果产品按从原材料到成品的过程连续来生产的话，即单件流动，工作能更好、更有效地完成。在单件流动中，因为在每个工段中各工序衔接在一起，前工序做完一个在制品，就可立即"流"到下一工序继续加工，所以工序间几乎没有搬运距离，也没有在制品，因此在制品数量可以大幅度降低，生产空间也跟着减少了。不良品一旦发生，就可立即发现，而且很容易地确认出是由哪一台机器、哪一个作业者做出来的。这有助于消除不良品。更重要的是生产周期大幅度缩短，更能满足市场多变的需求。由于不必为每台设备单独设置入口存放处和出口存放处，场地也节省了许多。因此，应该变"成批移动"为"单件流动"。

为什么产品制造的时候真正制造时间占总时间却是那么少？是哪里出了问题呢？就是因为流动出了问题。必须想尽一切办法让企业的全部生产经营活动流动起来，一个停滞的企业价值链是僵硬和没有活力的，必须打破组织界限、部门分割、心理障碍，改变工作作风、工作习惯以及工作工具和工作方法，以便让价值链真正流动起来，不然这种价值链必然是低效的价值链。

生产由顾客拉动

拉动式生产和推动式生产是两种截然不同的生产方式。我们先来看推动式生产是一种什么样的生产方式。

所谓推动式生产，就是计划部门根据市场需求，按产品构成清单对所需的零部件规格和数量进行计算，得出每种零部件的需要量和各生产阶段的生产前置时间，确定每个零部件的投入产出计划，按计划发出生产和订货的指令。其中的"前置时间"是指从订购到供应商交货所间隔的时间，通常以天数或小时计算。前置时间的减少会使生产商和零售商平均库存水平得到减少，而且前置时间的减少可以使零售商订货模型更加稳定，也会给生产商的生产决策带来很大好处，能保证生产商和零售商的双赢。

在推动式生产中，每一生产车间都按计划生产零部件，将实际完成情况反馈到生产计划部门，并将加工完的零部件送到下一道工序或下游生产车间，无视下一道工序和下游生产车间当时是否需要。在此方式中物流和信息流基本上是分离的。整个过程相当于从前（前工序）向后（后工序）推动，故这种方式被称为推动式方法。

拉动式生产是丰田生产模式"准时生产"得以实现的技术承载。这也是大野耐一凭借超群的想象力，从美国超级市场售货方式中借鉴到的生产方法。相对于过去的推动式生产，拉动式生产就是从市场需求出发，由市场需求信息决定产品组装，再由产品组装拉动零部件加工。

在拉动式生产中，是后一作业根据需要加工多少产品，要求前一作业制造正好需要的零件。"拉动"的含义就是在下游顾客（或工序）提出要求之前，上游企业（或工序）不能进行产品生产或提供服务。"看板"就是在各个作业之间传递这种信息、运营这种系统的工具。每道工序、每个车间都按照当时的需要向前一道工序、上游车间提出需求，发出工作指令；上游工序、车间完全按这些指令进行生产。物流和信息流是结合在一起的。整个过程相当于从后（后工序）向前（前工序）拉动，故这种方式被称为拉动式方法。

采用拉动式系统可以真正实现按需生产。如果每道工序都按下道工序的要求，在适当的时间，按需要的品种与数量生产，就不会发生不需要的零部件生产出来的情况。一旦有了在顾客需要的时候就能设计、安排生产和制造出顾客真正需要的产品的能力，就意味着企业可以抛开销售预测，直接按顾客的实际要求生产。这就是说，企业可以让顾客按需求拉动产品生产，而不是把顾客常常不想要的产品硬推给顾客。当顾客知道他们可以及时得到他们所要的东西且当生产者停止定期的减价销售活动，不再把已经生产出来却没人要的产品推销出去时，顾客的需求就变得稳定得多了。

需求拉动式生产方式的实施准备，应该从以下几个方面着手：

一是思想转换准备。需求拉动式生产方式以精益思想为指导，因此要实施推进，必须先做思想上的转变准备。国有企业习惯了计划经济模式下的生产管理，从生产到采购习惯了大包大揽，因此必须对员工甚至包括一些主要管理人员进行精益思想的培训，帮助他们转变思想观念，通过组织专题学习、讨论等形式将精益思想传达和灌输给每位员工。在全公司开展精益思想的宣传和学习；通过各单位每周的部务会和班组会形成制度化的学习方式，组织相关管理人员集中学习精益生产业务知识，促进员工思想观念的转变。

二是现场改善准备。需求拉动式生产管理需要基本良好的现场作为基础支撑，因此在决定实施前必须要对现场进行必要的整顿和规范管理。比如，以现场的定置管理、物流的规范和库存的压缩为切入点，重新划分主要在制品区域，实行定置管理；按目视化要求更新工位器具，规范物流程序；规范现场各类作业文件和质量记录；压缩成品库存和工序在制品等，从而使现场达到整洁规范，等等。

三是管理的支撑体系。第一，现场支撑。一个基本良好的现场是实施前的必要准备，也是保证系统能持续运行的必要支撑，现场的无序和混乱势必影响需求拉动式系统的运行和效果。需求拉动式生产方式对现场的管理主要是通过"5S"方式来达到的。第二，质量支撑。良好的产品质量可以使生产系统健康高效地运转。通过实施 ISO9001 和 QS9000 质量标准，落实标准体系要求，履行"预防为主，持续改进"和"一次做好"的原则，切实提高产品的实物质量，从而更有效地满足顾客的要求。第三，装备支撑。有效的装备保证直接决定了需求拉动式生产系统的实施效果。通过全面生产管理对装备进行全员的管理和维护，变传统的抢修式管理为预防检修式管理，对故障加以分析和控制，提高装备对生产的保证作用，不仅可以有效满足产品准时交付，更可以大大降低生产成本。

需求拉动式生产以准时化生产为核心，以降低成本、持续改善和提高为目标，通过需求拉动式组织方式的实现来逐步消除无效生产，压缩库存储备，降低生产成本，更加及时和有效地满足市场需求的变化，不断改进和完善系统运行方式，从而逐步达到精益生产的要求。

消除产业价值链的浪费

精益管理必须超出单个企业的范畴，去查看生产一个特定产品所必需的全部产业活动。这些活动包括从概念构思经过细节设计到实际可用的产品，从开始销售经过接收订单、计划生产到送货，以及从远方生产的原材料到将产品交到顾客手中的全部活动。形成精益企业确实需要用新的方法去思考企业与企业间的关系，产业价值链的所有环节的改善，改善的核心就是消除产业价值链的浪费。

产业价值链是产业中从原材料到产品销售的围绕某种（或某类）产品的所有企业所形成的增值链，即从原材料的供应开始，经过价值链中不同企业的制造加工、组装、分销等过程直到最终用户的一条价值链。物料在价值链上因加工、包装、运输等过程而增加其价值，给相关企业都带来收益。

在分析每个产品（或产品系列）的产业价值链时通常会暴露出大量的、错综复杂的浪费，和企业中的浪费一样，这些浪费可以分为两类：一类是有很多活动虽然不创造价值，但是在现有技术与生产条件下是不可避免的，如为保证质量，焊接处要检验；乘飞机从青岛到敦煌要到西安转机的额外旅途。另一类是还有很多不创造价值而且可以立即去掉的步骤。

实际上，产业价值链的浪费是非常多的，常见的有以下几种。如表 4 - 1 所示。

表4-1　产业价值链浪费的种类及表现

种类	表现
库存浪费	由于上游和下游企业之间没有形成信息的共享，以及生产计划的相对独立，导致上游企业的产品不能及时销售出去，造成库存的浪费
余量浪费	在产业价值链中，常常由于信息的封闭导致上游企业给下游企业提供的物料留有太大的加工余量，从而产生材料及加工量的浪费
流通中的浪费	由于企业之间没有形成良好的组合，造成流通环节的效率不高所带来的流通浪费。要实现精益管理，就要遵循消除产业价值链的浪费这一原则
等待中的浪费	就是由于在生产周期中的人员或机器等待而产生的浪费。比如，等待原材料到位，等待维修人员到位，等待流程完成，等等。实际上浪费在等待上的时间通常是可以避免的。有些等待时间无法避免，但是可以使效率提高（例如清洗、质量检查、材料接收等）
批量浪费	价值链中的"成批"模式造成的过早、过量生产，以及由此带来的库存等浪费
返工中的浪费	是指由于流程的重复或修改而造成的浪费。比如反复地调整生产指标或参数直到达标为止；精益专家何守中强调返工未能满足客户规格的制成品都属于返工浪费。返工违反了"一次做对"的宗旨，其造成的因素可能是在作业方法、材料、机器或人力的不足。返工可能会需要预备额外的资源，以预防返工而造成生产中断
走动中的浪费	人员或机器在流程内的不必要移动，比如在转产过程中，操作人员走动去拿零件、工具，或在操作机器控制部件中的移动等。一般来说手动和机器的操作经常包括不必要的走动；不必要走动的原因也可能是工厂的布局尚未为不同的客户需求进行优化而造成的

上述浪费现象是造成制造企业运营成本居高不下、影响企业进一步发展壮大的"瓶颈"。要实现可持续发展，必须节约能源、优化资源结构，走"节约型发展道路"。而在制造业中推行精益生产是落实中央关于"节约型发展道路"决策的成熟途径。要实现精益管理，就要遵循消除产业价值链的浪费这一原则。这就需要制造企业重新思考企业与企业间的关系，用一些简单原则来规范沿产业价值链的所有环节，实行准时化生产，减少中间在制品所占资金和生产空间，最大限度地降低库存，消除产业价值链的浪费，从而使整个生产看起来很"精"，但又能达到很"益"的效果。

第五章　零缺陷理论与精益思想的融合

　　全球经济一体化的一个典型特点就是带来产品的高度同质化，这个已经是不争的事实。产品合理的价格和同质化的质量是市场竞争的基本条件，但是如果要在市场环境下立足以及获得持续的发展，是需要差异化的，这就需要企业实施差异化管理的方法以及管理的技能。就中国制造业而言，已经具备了一定的技术条件，也掌握了一些管理的工具和方法，但这些不足以成为中国制造业获得差异化竞争的核心竞争力的决定性因素，因而需要更多管理的工具和方法去实现内部价值。

　　精益生产来源于制造业，制造业企业想要在行业中取胜，主要依靠两方面：技术和管理。管理就是精益管理，它能够帮助企业提高生产质量，加快生产速度，同时还能降低生产成本。中国制造企业在导入了精益管理等工具的同时，也就导入了零缺陷管理，这两个至关重要的管理工具和管理方法可以相互沟通，相得益彰，打造属于制造业特有的核心竞争力，从而持续获得内部价值。当然，要想做好精益管理不是一朝一夕就能完成的，需要提高员工的综合素养，改变员工传统的生产方式，精益培训需要时时跟进，不断改善，直到完成一套整体的系统管理方法。

　　零缺陷理论与精益思想的融合，一定是人的管理水平，以及掌握创新能力、持续利用和发挥生产各个要素价值等各方面的集中体现，这样才能够支撑制造企业的持续发展。"4P"理论模型的诞生和发展为新形势下企业管理的创新和发展以及完善开辟了新的视角，作为一种先进的公共管理工具，它是基于零缺陷管理建立的模型，可以独立承载中国制造业企业组织的可持续发展。"4P"理论是实现优化全价值链精益规范的有效路径，主要从突出战略规划作用、突出领导作用、关注全价值链、关注全质量链、完善基础管理及突出人的作用等方面进行阐述和分析，最后结合"4P"理论和实践探索提出基于零缺陷管理的全价值精益管理的结论与现实构想。

基于零缺陷管理的"4P"理论模型

管理的对象从来没有离开过人、财、物，产、供、销的范畴，管理的过程无非是计划、组织、领导、控制、管理。衡量的结果无非是质量、成本、交付期、服务，这4个结果既是目的又是结果。管理通过过程策划达到产品的实现，人基于可靠的流程保证经营预期的实现和稳定以及持续提升。

任何一个企业都存在这样一个共同的组织方式。企业所有者或股东提出自己的期望，通常的定义就是政策（Policy）；承诺或承担对社会、员工、股东等所有相关利益者的责任，通常的定义就是人（People）设计实现结果的方法；利用这个方法达到预期的结果，方法其实就是做事情的顺序，通常被定义成流程（Process）；结果就是达成的实际目标，通常定义成绩效（Per-formance）。如果这样理解的话，其实企业的"画布"就是"4P"。

例如，日本丰田就是充分发挥了"4P"的作用进而使"4P"理论被广泛地采纳与使用，因此这个理论模式具备了广泛的应用基础。日本丰田的精益生产体系，就是一个"4P"过程。此外，欧洲质量奖和美国的波多里奇奖也是一个"4P"。如图5-1所示。

基于零缺陷管理的"4P"理论模型，分别是由 Policy（P_0）、People（P_1）、Process（P_2）、Performance（P_3）组成。具体来说，每一个"P"的内涵分别如下：

Policy（P_0），"正确的事"，是战略，是制定方向，其内涵是领导的作用与战略规划。领导的作用是领导力的集中体现，核心是制定政策，通过确保

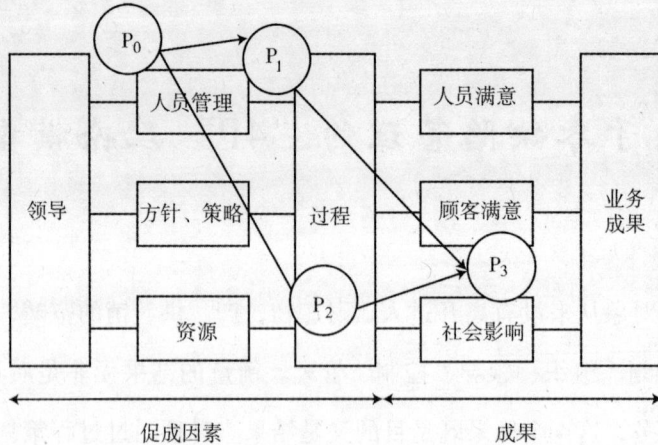

图 5-1 欧洲质量奖体系与"4P"模型的关系

运行机制和规划组织架构来体现。战略规划的有效性是解决企业长远发展的问题，是基于愿景、使命、价值观而提出的，通俗地说就是对全体管理者提出发展的要求。

People（P_1），"正确地做事"，是战术，是战略的落地手段，其内涵是人的影响力和积极的组织文化氛围，重点是通过创造积极的组织文化氛围，达到提升质量意识的目的，人人都具备的质量意识是发挥人价值的最大驱动力。要达到上述所说的目的，只有通过连续不断的基础教育才能逐步形成沟通语言，沟通才会变得顺畅，大家目标一致，逐渐针对同一目的达成负责的质量意识，这个过程需要不断使用管理的"润滑油"技巧去激励员工，这样，积极的组织文化氛围"大厦"才能建成。

Process（P_2），"做正确的事"，是战术，是战略的落地手段，其内涵在于构建环环相扣的质量链和质量门。环环相扣的概念通过系统的预防产生质量，具体来说，需要把握以下实施细则：

一是在产品前期质量策划阶段，也就是产品质量阶段，导入潜在失效模式分析，确保客户需求的落实。

二是在交付质量阶段，利用工位保证度判定各工位质量保证能力的等级，有效地识别存在的问题，通过改善、提高工位保证能力，从而提升整体过程质量控制能力。

三是在全过程导入质量门，及早发现缺陷，减少浪费，控制质量，防止再发生。利用质量门将全过程的全部关键环节导入基于客户需求落实的质量指标，质量指标必须满足下道工序客户的需求，与此同时要树立下道工序是客户的质量意识，最终满足客户的要求。人人参与就是全员参与，基于质量门落实就是全员参与的责任落实。

四是在制造过程导入防错技术和麻烦消除系统（ECR），麻烦消除系统就是在管理者与普通员工之间创造了一条沟通的渠道，在麻烦转化为问题之前将它消除掉，通过麻烦报告板、系统地输入制造过程的麻烦，及时报告状况，将所有的报告进行系统分拣，分拣出需要解决的问题，列在麻烦看板上，凡是上到看板的麻烦，班长要立刻（一般要求在12小时内）交给相关部门处理，对于疑难的问题专门立项解决或由联合多功能小组攻关解决，班长同时监测它的执行情况，麻烦消除后，提交人有权利将它删除，其余人不可以，除非目前公司没有能力解决，如果没有能力解决需要公司麻烦委员会审批后交给该员工，然后由该员工负责消除。对于不能解决的问题，系统不能关闭。

五是导入高层质量（TOP－Q），TOP－Q以现场质量管理为中心，关注量产、新车型、售后等环节，现地现物，直接明了地反映质量问题，通过公司高层领导及供方领导进行现场交流沟通，形成有效的质量推进，使质量改善更及时、更有效、更快捷。TOP－Q是对现生产所有零部件的质量变化点开展的全面质量控制和质量跟踪管理活动。TOP－Q可以快速有效地解决现场重大或危及生产的质量问题，推动现场质量改善工作。如图5－2所示。

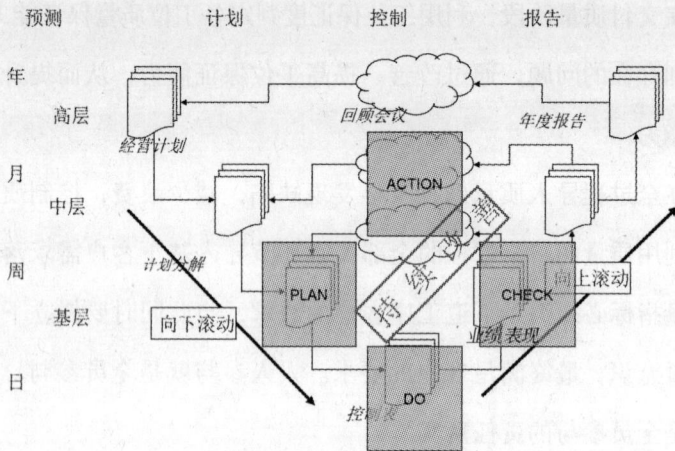

图 5-2 管理的管控系统

管理的控制系统的原理是预测、计划、控制、报告的管理过程，将以上5个方面都融入管理控制系统中，构建起一个持续发展的闭环系统，这是对整个"4P"理论而言最大的预防系统。预测是来自战略目标的预测；计划是基于总的目标值的分解以及具体的达成策略；控制是先期质量策划、工位保证度、质量门、防错、ECR、TOP-Q等工具；报告是基于战略目标的计划与实际的差异及差异分析和行动计划。

质量链的形成不是一个动作，而是一个系统的工程，也是一场深入挑战企业文化的质量变革，因此需经历四个阶段才能逐步形成。第一个阶段是机械执行阶段，按照上面的5个方面，设计落地流程，相关人员严格按照设计流程执行。在这个过程中，其行为变革以及对应的管理风格如图5-3所示。

在图5-3所示的这个阶段中，管理的文化是强制要求。随着机械执行一段时间，使用者发现，导入的流程或者系统的确能够帮助使用者改善作业，于是逐步理解这个系统的好处。如果管理发展到这个阶段，管理者唯一要做

Four stages of change

没能力 Unable　　　有能力 Able

理解 Understanding　　运用 Usage

符合/机械执行 Compliance　　文化 Culture

有意识 Aware　无意识 Unaware

Four different management styles

没能力 Unable　　　有能力 Able

指导 Coach　　支持 Support

强制要求 Direct　　授权 Delegate

有意识 Aware　无意识 Unaware

在符合阶段就授权是不正确的
Very often Delegation Management Style is used on Compliance Mindset

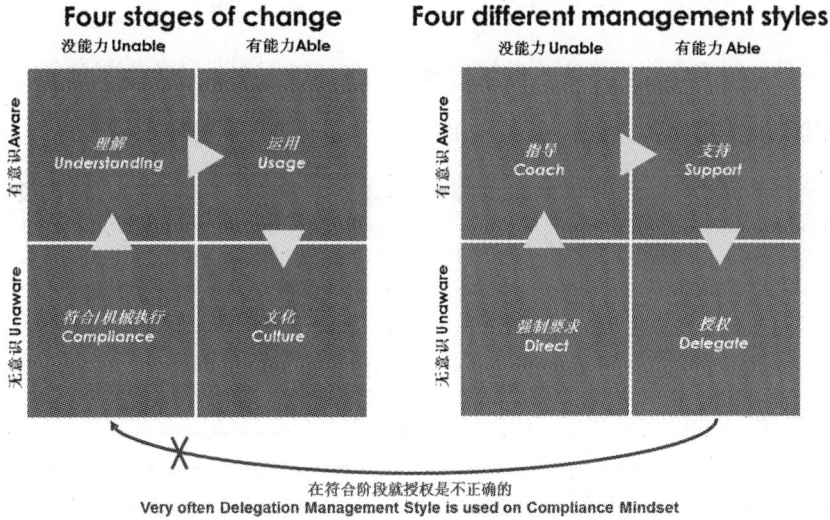

图 5 - 3　行业变革与对应的管理风格

的就是给予更多的指导，即这个阶段的风格是以指导为主。指导使用者如何更好地使用流程，初步发现好处之后，越来越多的使用者期望这套新的流程或体系可以推广到更多的单位，以及可以进一步优化、可以发挥更大的作用，这个时候，管理者就知道管理过程已经进入了运用阶段。这时，需要管理者做的就是给予支持，让使用者去自主优化、去广泛地应用，支持就是最好的工作。运用一段时间管理者会发现，使用者已经习惯这套系统，你不需要监督，使用者会做得很好，即使管理者想改变都不可能，新加盟的员工也能在短短几周时间内掌握并使用，这说明文化已经慢慢形成，管理者不需要担心还需要监督，因此多数的管理者在管理上都充分授权给使用者，让使用者借助创新的思想不断达成绩效。

　　Performance（P_3），第一次就把正确事情做正确。如果我们将有形和无形的全质量链流程建立起来，且质量标准是建立在零缺陷的基础上，这样的组织就可以让员工有动力，客户会变得更加忠诚，财务指标一定会远高于行业平均水平，组织也能承担更多的社会责任。这样的组织是具备质量竞争力的、可持续发展的组织。因此，实现 P_3 的过程一定是建立衡量体系的过程，且是基于零缺陷工作标准和哲学以及管理的工具——PONC 持续改善的过程。"4P"理论的主要特征见表 5-1。

表 5-1 "4P"理论的主要特征

特征	含义
结构性	从质量控制（QC）到质量保证（QA）再到质量管理（QM），到底谁在为质量负责任？是质量部门？还是员工？都不是，但也都是。克劳士比给的质量的定义是符合要求，一旦质量符合要求，则其主观色彩将随之消散。任何产品、服务或过程只要符合要求，就是有质量的产品、服务或过程。如果不能符合要求，就不会产生符合要求的结果。从事质量管理的全部过程就是要建立这样的习惯，即在客户、企业和供应商之间，企业要理解客户的要求，逐层分解并满足客户需求，最终交付给客户符合要求的产品。管理者的角色就是确保为每一项任务都确定正确的要求，确定有效的必要资源，帮助员工完成符合要求的工作的价值都是为了满足客户的要求。产品质量取决于工作过程，工作过程的好坏决定产品质量的高低，而最高负责人是质量的第一负责人，同时全员的工作质量决定了产品的质量。因此，质量具备结构性，质量好坏，一定是领导发挥作用大小的间接反馈，也一定是全员工作结果的直接反馈
战略性	"4P"也是一个战略管理工具，战略来源于组织的愿景、使命和价值观，战略落地过程就是一个战略目标的确定过程，因此理论体系支撑整个公司发展，也就具备了战略性，是战略实施的工具。第一次把正确的事情做正确是结果，是 P_3，正确的事情是战略。战术就是 P_1 和 P_2 共同作用下的战术。不仅如此，战略需要政策、机制和组织保障来实现，因此在"4P"中也明确提出，需要在 P_0 中包含政策、机制和组织保障
预防性	零缺陷的质量标准是零缺陷，构建系统就是为了预防，是保障实现零缺陷的必要以及充分条件，如先期质量策划、工位保证度、质量门、防错、ECR、TOP-Q，都是预防的系统工具

特征	含义
哲学性	在工业术语中，产品的表现永远是与小数点同时存在的，如质量合格率为99.9999%，无论怎样都达不到100%合格率，100%合格率是我们追求的梦想。而在"4P"理论模型中，质量准则是零缺陷，质量是工作活动的结果，在工作过程中，我们时刻存在零缺陷。比如，我们可以做到第一次把需要的零部件组装到产品的位置上而不需要返工，或者一张没有任何错别字的报告。事实上，只要我们做好每一个工作活动及其环节，就完全可以实现过程以及最终结果的零缺陷。这是一个哲学，也是一个准则
完整性	组织不是孤立存在的，相关方的工作质量决定了组织的质量，而"4P"追求员工、客户、合作伙伴、财务指标和社会责任5个方面的满意，并且是不断地追求全方位的满意。这5个方面对于组织而言，完整地包含所有的内外部关系，因此说"4P"具备完整性的特征

"4P"理论模型作为一种先进的公共管理工具，对于中国制造业全价值链精益管理改进和完善具有借鉴意义，可以加快企业发展的速度、增强企业的核心竞争力。从理论和实践两方面来看，"4P"在理论实质上打破了管理方法或工具之间的不同，只要是系统化管理的工具，就都是符合"4P"理论模型的。

涵盖生产、经营、服务全价值链的精益管理

精益管理的核心是最大限度地减少无效劳动、消除浪费，实现成本费用最低化和企业利润最大化。精益管理有广义和狭义之分，狭义的精益管理是指生产制造环节的精益生产，而广义的精益管理是涵盖企业生产、经营、服

务全价值链的精益管理。企业的研发设计、资源配置、供应链管理、生产制造、市场营销、售后服务等各项活动是一条完整的价值链，在这条价值链的各个节点上，只要是多消耗了资源、多增加了成本，或者占用了时间而没有创造价值的活动，都是浪费，都是应该被消除的对象。要打造精益企业，必须在各个环节、各个职能部门、各个业务单元，体系化地推进精益，避免"头痛医头，脚痛医脚"的现象。

全价值链精益管理，是包含企业运营全部环节的广义的精益管理。如果一个模型能够承载这样的一个发展格局，它一定是集成了战略、战术两个层面的策划，也一定囊括了对于人、财、物的管理；而对于管理的结果一定是超出期望的，并且是闭环和系统的自我修复功能。我们仔细研究一下"4P"理论模型，它基本上具备可以承载一个持续发展组织的全部要素，不过是它利用自己独特的视角和表现方式去展示企业或组织追求的经营结果。其对于中国制造业实施涵盖生产、经营、服务全价值链的精益管理，具有重要的借鉴和指导意义。

首先，"4P"理论模型关注战略，做好规划。规划是战略目标以及战略目标实现的规划，因此，战略规划包含两方面的理解，一是基于企业文化制定适合企业的战略；二是基于战略实现的企业提供的资源和政策。做好战略是管理意识的最大生产力，是第一次就把正确的事情做正确。做到上面两点了，那么对于管理而言就成功50%了。所以我们需要关注战略和基于战略实现的资源提供。

其次，"4P"理论模型关注战术，战术是正确地做事。战略和战术的结合就可以把正确的事情做正确。企业管理离不开人和事，其内涵有3个方面的理解：

第一，在企业中任何事情的完成永远离不开人，一定是在人的主观意志指导下才产生事情，这是成事的第一步，其中最重要的是发号施令的最高领导者，因此只有把那个关键的发号施令的人把握住了，人的问题也就解决了大部分，因此需要关注领导。

第二，如果事情要做成，只有领导是不够的，一定需要员工去实施，这样才能变得有效率，企业里的每位员工都是价值的创造者，都是事情实现的主体，所以我们要关注每一个人，就是我们说的全员。人的问题重点就是关注领导以及关注全员，发挥领导的核心作用，发挥全员的实践作用。

第三，事，就是企业的流程，是产品实现的事，是管理的事，是产品策划的事，是财务的事，是人力的事，是市场的事，是销售的事，是研发的事，是采购的事，是制造的事，是交付的事，是售后的事，这些其实是全价值链、全质量链的事。因此，战术就是关注流程，关注战略实现的流程。

最后，"4P"理论模型关注结果，关注第一次。战略和战术结合关注了把正确的事情做正确，企业要追求可持续发展的前提条件是效率和效益的问题，如果在战略和战术的活动中失去了速度，那就意味着效益损失，效益的损失也就是意味着利润率的降低，低的利润是不能实现可持续发展的，"第一次"是效率也是速度。具体表现就是第一次没有做对的质量代价（PONC）是什么？如何通过PONC的持续降低带来企业经营结果的预期，就是我们说的KPI，是"4P"理论模型的中P_3。结果是果，过程是因，没有过程就没有结果，导入PONC的目的不是让管理者去不断地降低PONC，而是告诉管理者第一次没有做对而损失的金钱是多少，这些都是在损失利润。但这也不是重点，重点在于，过程中如何通过预防从而实现结果的零缺陷，这是核心。实践证明，过程的预防是可以带来结果的零缺陷的，这是基于零缺陷管理的"4P"的理论模型最大的魅力所在，也是我们一定要借鉴和应用的。

基于零缺陷理论的全价值链精益管理

基于零缺陷管理的全价值链精益管理的导入，对于中国制造业而言是多层次、多方面的问题，既涉及思想理念层面，又涉及职能部门的层面，还涉及与企业有关的外部供应商以及客户等问题，是一个复杂的工程。这个复杂的工程具体包括以下 6 个方面的内容。

第一，在战略导向方面，要突出战略规划。

世界著名管理大师彼得·德鲁克指出："当今社会不是一场技术、软件、速度的革命，而是一场观念上的革命。"这就是通常说的思路决定出路，没有思路就是死路一条。战略永远是解决发展的问题，其实这一点已经得到普遍的共识，无论是中国制造业还是制造业中的各个企业，都有自己的战略，但是从实施的规划中可以看到，并没有在实施规范中清晰地界定出整个行业的战略。制造业整个行业制定的战略，通常是代表国家的意志，也是国家战略的重要组成部分，制造业承载国家战略的部分是依靠制造业中的各个企业来承载的，在实施规范中仅仅提出的是各个集团或工业企业如何规划自己的战略，根本没有具体地说明各个集团或业务单元的战略与中国制造业的战略的关系。因此，从完善的角度和市场的角度来看，全价值链精益管理战略应该注重如下几点：

一是将战略规划单独设置一个领域。将战略规划单独设置一个领域的目的就是突出战略规划的作用，理由有两个：①从理论上面的论述来看，全球先进的管理模式如美国波多里奇、欧洲质量奖、零缺点的"4P"理论模型等卓越管理模式都是将战略管理和规划作为单独的实施模块；②从战略本身在企业中起到的作用来说，也需要将战略规划单列一个模块。

二是将战略规划改成"战略规划与目标"。将战略规划与目标优化成3个模块，其一，各企业单位等基于制造业的文化（物质文化、精神文化、发展文化、人才文化、组织文化、质量文化、成本文化、创新文化、管理文化等）的大平台下发展自己的文化（如明确的愿景、使命、价值观），同时允许各企业单位存在自己的亚文化，实现统一战略下的特色文化建设。其二，各企业单位负责全面的市场经营，追求发展的责任与积极性，有事不是找集团而是找市场，充分发挥自己的优势，制定适合于自己的发展战略规划同时也符合制造业的战略规划，各个业务板块中的规划管理，应该都统一合并到精益战略规划中，包括研发、采购、物流、制造、营销等环节的全价值链精益管理战略规划，逐级分解落实精益管理目标和工作计划。其三，精益指标管理。应建立不同层级的精益管理指标，制定相应的管理机制和工作流程，通过对指标达成状况的统计和分析，明确精益改善方向，提升企业的精益管理水平。

第二，在顶层设计方面，要突出领导作用。

管理是一个过程，管理学定义的过程是：计划、组织、领导、控制。领导的过程就是管理实现的过程，无论是计划的制定还是组织活动的实施，以及亲自领导完成计划和实施计划过程的控制都离不开领导，因此领导的核心作用一定要重点突出。因此提出自己的完善策略如下：

一是为了突出领导作用，建议单独将领导作用设置成一个领域。

二是合并调整。领导作用包含推进机制、规划管理、模块绩效，这是对领导力建设的统一要求。将推进机制合并到领导作用中，作为领导作用的组成部分，将绩效提炼出来统一变更成工作绩效，合并到领导作用中。这样的合并，作为领导作用的核心组成部分就体现了领导作用的核心价值。领导作用合并调整后的情况见表5-2。

表5-2 领导作用合并调整后的情况

领导参与精益	将精益管理作为一项日常的重要管理工作，定期检查和部署，确保必要的精益专项资金投入，通过主要领导的精益管理授课、深入现场检查精益工作、组织开展企业价值流分析等活动，推动精益管理战略实践
组织机构设置	建立健全精益管理组织体系，明确各级精益管理组织机构的工作职责和专、兼职人员的配置标准，严格选聘能够胜任岗位职责要求的精益管理人员，积极、扎实、有序地推进精益管理工作
工作机制建设	应结合本单位实际，建立精益管理的各项工作制度、流程和标准，通过有计划的工作部署、检查指导、评价考核等多种措施，促进精益管理工作的规范化推进，并在实践中形成具有自身特色的精益管理推进模式
推进机制	结合企业实际，设立精益研发组织管理机构，制定并组织实施精益研发实施方案和工作计划，建立健全工作机制，开展精益研发管理培训、指导与检查工作，导入精益研发理念，促进研发人员意识转变，积极实施精益研发改善活动
工作绩效	要建立分级、量化的绩效考核评价体系，提升企业的管理和创新能力，激发人员创新动力，对绩效进行有效管理

那么，基于以上关于战略规划和领导作用的论述，战略规划以及领导作用与"4P"的关系是如何呢？"4P"的 P_0 包含两个方面的核心内涵，分别是战略规划与领导作用。内容的具体体现就是基于愿景、使命、价值观的战略规划以及政策机制与组织保证。愿景、使命、价值观在精益文化中已经体现了。领导的作用就是制定政策以及设计组织架构来确保领导的意志通过政策和组织架构得到落实和实现，因此在领导作用中应该优化领导参与精益、组织机构的设置、工作机构设置、推进机制和工作绩效。

第三，在全价值流程方面，要聚焦全价值链精益管理。

流程再造是作为当代管理中常用的市场化工具之一。对于企业组织而言，每一个部门的工作组织以及部门与部门之间工作衔接都是依靠工作的流程来实现的，工作流程决定了企业运营方式，也决定了组织的效率和效益。全价值链是基于内外部的一个链条，包含供应商、内部、外部交付环节，因此基于全价值链精益管理优化的策略如下：

一是优化流程的各个环节。围绕产品实现的业务流程环节以及辅助业务流程环节都是流程，这些流程环节优化的结果都是要达到基于精益管理的目的。因此，无论精益采购、精益研发、精益营销、精益物流、精益制造都是产品实现环节的流程优化，保留精益采购、精益研发、精益营销、精益物流、精益制造这几个领域，将这几个领域中关于流程优化、成本管理、售后服务、过程质量控制、采购风险、成本费用管理、物流信息化等模块合并或去掉或独立成另外一个领域。这几个模块的精益管理都是通过优化流程来实现精益管理目标的，也就是说实现目标的手段是优化流程，如研发部门的精益研发管理，是对于现在需求管理、项目管理、研发平台、设计开发、试制管理、试验管理、研发资源、研发团队等模块的具体要求，最终的目标都是服务于研发成功率、质量合格率、产品成本率、产品交付周期、标准化程度等这些研发的根本性指标的。

二是增加精益供应商、精益财务、精益服务等业务环节的精益管理模块。供应商模块的主要内容是立足于从供应商的角度同步实施基于零缺陷的精益管理，主要包含供应商的需要确认、预防过程、质量意识、满足需求4个方面的要求。财务是精益管理中一个重要的环节，在整个产业中占有重要的地位，关于精益财务的主要内容包含全面预算管理和降低成本管理两个方面的内容。精益服务的主要部分是售后服务。

综合以上论述，关于聚焦全价值链精益管理的主要目的就是聚焦产品实现的关键流程部门以及辅助产品实现的关键部门的精益管理，管理的目标就是通过优化流程达到实现质量竞争力的目的。聚焦全价值链精益管理策略由8个模块组成，如表5-3所示。

表5-3　全价值链精益管理策略的组成

精益研发	需求管理	要在产品设计和技术研究中始终关注产品直接用户、生产制造系统、售后服务系统等从不同角度提出的需求，建立各类需求的获取渠道，应用科学的方法和工具对需求进行分析、验证，切实将客户需求转化为产品设计和技术研究的关键要素
	项目管理	要开展面向产品分解结构的工作任务分解，以计划管理为核心，串接项目的工作任务分解（WBS）、交付项、市场变化、文档、经费、风险以及沟通等管理要素，通过集成的、全要素的项目管理系统满足多项目和单项目业务执行的管理需求。进行合理工作任务分解，实现可视化、表单化、规范化项目管理，实现项目计划、成本、风险的综合管控
	研发平台	要系统规划数字化研发平台建设，逐步构建面向质量、面向制造、面向成本的协同设计、仿真优化、试验验证、测试评估、知识工程和项目管理的数字化研发平台，提升研发效率，提高研发资源的价值创造能力
	设计开发	为了消除或减少产品设计过程中的不增值活动，并通过设计解决生产、售后等后续环节存在的隐形浪费，要开展面向顾客、面向生产、注重成本、关注质量的产品设计，推行模块化设计、标准化设计、系列化设计，提高产品设计的成功率
	试制管理	在研制阶段，要进一步开展精益试制研究，在提高质量、保证进度、减少浪费，按照研制过程的需要试制出满足设计的产品的同时，做好与批量生产的有效衔接，为精益生产奠定基础
	试验管理	应进一步开展试验体系的策划与设计，开展半实物仿真、虚拟试验等工作，提高试验效率和成功率
	研发资源	要构建适合自身特点的研发资源管理体系，在多项目间建立一种动态平衡的资源分配机制，实现多项目协同资源柔性与均衡分配，提升资源调配能力与资源使用效率
	研发团队	高素质研发人才、团队是精益研发体系的核心，要畅通研发人才发展通道，采取有效途径充分调动研发人才、团队的积极性，建立拥有精益思想的人才团队和梯队

精益供应商	需求确认	基于外部提高的产品或服务，应要求一级供应商、二级供应商有能力准确地识别需求，建立需求识别的保证机制
	预防过程	一级供应商、二级供应商应在全质量链、全价值链导入预防的机制，基于系统和设计与预防确保客户的需求方面，得以准确地理解和实施落地
	质量意识	在质量管理的策划下，各级人员都可以准确衡量是否符合要求，并报告任何偏差；全员基于自己的岗位都能够衡量出来不符合要求的代价；零缺陷可以实现的全员认可；"三不"原则意识的建立；"三不"质量在质量、成本、交付期这3个核心的指标中的地位，以及三者出现矛盾时应选择谁
	需求满足	应建立"后工序是客户"的精益思想，确保在工序内造就品质，建立以不生产、不流出、不接受不良品为目标的市场质量管理运行机制，运用质量管理工具、方法持续开展质量分析、控制、改进工作。基于"质量门"的方式确保每一个关键环节的质量门指标满足下道工序的要求
精益采购	制订采购计划	应根据物资消耗定额、科研生产运营需求和合理库存量，精细核算物资需求计划。根据物资需求计划，在对资源市场进行客观分析的基础上，按照保质、适量、准时、综合采购成本最低原则，研究制订采购计划
	执行采购计划	应按照规定的采购业务流程，落实采购计划，以满足科研生产运营需求为核心，做好采购合同、质量、进度、成本、验收、付款等各环节的控制与过程优化，以最低成本支出实现采购目标
	供应商管理	为打造稳健的供应链体系，应按照国家有关规定，建立供应商评估和准入制度，确定合格供应商名录，与选定的供应商签订质量保证协议，对供应商进行管理和评价，根据评价结果对供应商进行合理选择与调整
精益物流	仓储与库存	应努力建立高效的仓储管理流程和制度，以提高物资收发效率和仓储空间利用率，以及降低仓储作业成本，同时不断探索和建立动态的、多元化的库存管理模式，以更经济有效的方式在存货成本和供应短缺之间取得平衡
	运输与配送	应建立规范化的运输配送管理机制和工作流程，有计划地开展运输和配送全过程的价值流分析活动，采用多种物流管理策略对内外部物流进行整合和优化，以实现物流运输配送的高效率、低成本和准时化
	盛具与包装	盛具包装管理是实现物资流动的重要辅助业务，也是总体物流成本构成的重要环节，应通过合理设计、使用、管理盛具包装，在确保物资安全可靠运送的前提下，便于运输配送和仓储，提高物流运送效率，有效降低物流成本

精益制造	生产计划与控制	平衡客户需求和自身生产能力，应制订均衡的生产作业计划。以量化的方式科学分析各个工序、车间或工厂的生产能力，针对识别出的生产瓶颈制定改善策略或应对措施。应用目视化或电子化信息手段，对生产作业进度进行实时监控，针对生产异常建立快速反应机制
	TPM 管理	以提高设备的综合效率为目标，应建立全方位的设备保全管理体系，通过有组织、有目标、有计划地开展全面生产维护活动（TPM），使设备的故障率、可靠性、维修费用率等设备绩效指标明显改善。在 TPM 活动初期，应重点开展以操作者为中心的自主保全活动和以专业人员为中心的专业保全活动
	工艺与布局优化	工艺与设备布局的优劣对生产系统的效率起着关键性作用，对工艺与设备布局进行科学的设计与优化，将大大提升生产系统的效率和过程稳定性。借助工艺创新与优化、方法研究、作业测定、生产线平衡等工具，对生产工艺流程进行分析和改善，以解决工艺过程中的系统问题，提高生产过程能力
	班组管理	班组是企业生产制造现场的基本管理单元，是企业生产经营活动的基础，也是企业文化建设的基地，各子集团和直管单位要加强班组建设管理工作，建立健全班组组织建设、目标管理、考核激励、员工培养等工作机制，不断提高班组管理水平，在安全、质量、成本、效率、交付、环境、士气等方面，持续打造具有自身特色的精益班组
	作业标准化	通过对作业过程生产要素及技术、质量、安全等进行规范与改进，形成一种安全、准确、高效、便于操作的作业程序，达到技术储备、提高效率、防止错误再发、教育训练的目的
	在制品管理	应规划生产现场的在制品存储区域、存储方式、存储量等控制标准和管理办法，设定降低在制品存量的改善策略、达成目标和工作实施计划，并应用诸如 SMED 等精益工具实施改善
	价值流图析	应在多个层面开展价值流图析的培训活动，制订价值流的应用计划，选择和定义合适的价值流，通过绘制当前和未来的价值流图，将改善团队的工作方向始终聚焦于价值流的时间陷阱（不增值的时间），使增值率得到改善
	作业效率改善	基于应用操作平衡图（或称山积图）等工具，应对人员作业动作和作业时间进行研究，平衡操作者的负荷、平衡工序的循环周期，提高平衡效率，并对平衡效率进行持续的管理，以提高作业人员的工作效率

精益财务	全面预算管理	成立专业的全面预算委员会，应基于利润率以及战略规划努力将企业成本费用控制在合理水平，费用和成本分解到部门、项目、产品等，各责任单位需要基于目标编制目标达成的计划，预算应当定期回顾、分析以及调整。建立健全成本、费用管控机制，完善成本费用管控流程，科学核算目标成本，有效落实成本改善计划，应做好全产品的全价值链、全生命周期的综合成本控制，逐步建立全员的成本意识
	管理降成本	基于各个部门、项目、产品等费用和成本的预算，应当讨论和确定降低费用和成本的目标，各责任单位基于目标需要编制详细的目标达成计划等，目标应定期地进行回顾、分析以及调整
精益营销	营销体系建设	为快速响应市场需求，满足企业产品发展需要，应从组织构架、管理机制、执行监控、信息化管理等方面建立健全全员营销管理组织体系，以保证营销工作正常运行
	营销管理	以市场需求为导向，以为顾客创造价值为核心，以营销管理精细化为手段，重点开展市场调研分析、竞争对手分析、产品策略研究、营销计划执行监控、营销费用管理等营销管理工作，提高营销的策划能力、执行能力和快速反应能力
	销售渠道管理	为扩大市场份额、稳定销售渠道，应建立健全销售渠道管理机制，在销售渠道的规划、选择、管控、维护等方面，加强管理，落实责任，合理投入，巩固和提升市场份额，保障营销策略的实现
	客户管理	为满足客户需要、赢得客户认可，应建立健全客户管理机制，加强客户分类管理、客户信用管理与客户满意度管理，定期沟通回访客户，有效维护客户关系和控制经营风险
	品牌管理	应制定清晰、准确的品牌发展战略，建立品牌管理职责和流程，定义品牌定位、品牌战略、核心信息等内容，通过提升产品品质管理、品牌推广管理、国家或省部级荣誉及著名商标管理等，持续提升品牌的知名度
精益服务	售后服务管理	为提高客户满意度，应建立及时响应客户的机制，制定售后服务的管理流程及职责，做好市场信息的收集、统计、反馈工作，及时处理客户投诉问题

第四，在全质量链方面，要注重发挥质量管理的功能。

质量管理功能必须做到准确衡量是否符合要求，并报告每个偏差；凡是出现偏差的地方，就一定存在质量管理问题，符合要求是符合客户的要求。

销售部门得到客户的需求后将需求传递给研发部门，研发将客户的需求层层分解，制造部门基于层层分解的客户需要将在产品实现的过程中满足客户的需求，物流部门将产品交付给客户，客户得到产品后开始验证产品是否是基于其提出要求的产品，这就是全质量链的过程。这个过程包含了需要的销售、研发及符合要求的采购、制造业绩物流和服务质量的全过程。因此，全质量的管理一定是包含从客户到企业再到客户的这个链条，并且这个链条能够实现识别偏差的功能。基于此，全价值链的质量管理完善的策略如下：

一是单独一个领域。依据卓越绩效模式与丰田模式的共同特点，全价值链的品质管理与过程改进都是核心模块，而现在的管理模式中，仅仅把品质定义为生产环节中的品质过程控制，是有违全价值链管理思想的。

二是增加产品要求环节的质量控制。控制的目的在于基于符合和确定客户的要求，避免因为要求的遗漏而出现产品质量以及成本和交付设计目标与客户期望的偏差。另外还增加了交付过程的质量控制，保证在交付环节同样满足客户的要求，如出现偏差则通过服务等手段保证交付质量。

三是增加识别偏差功能的模块。具体就是导入识别偏差的核心工具，如PONC、ECR消除系统、防错技术、MCS管理控制系统。这些模块其实不仅仅是识别偏差的工具，更是预防的工具，预防系统产生质量问题。具体见表5-4。

表5-4 全质量链精益管理过程中发挥功能的具体体现

产品要求的质量控制	基于客户需求的分析，应建立产品确定要求环节的质量控制机制，运用质量管理工具、方法持续开展质量分析、控制、改进工作；基于"质量门"的方式确保每一个关键环节的质量门指标满足下道工序的要求

过程质量控制	建立生产过程质量控制机制，监控人、物、设备、方法（即4M）等变化点，建立"后工序是客户"的精益思想，确保在工序内造就品质，建立以不生产、不流出、不接受不良品为目标的现场质量管理运行机制，运用质量管理工具、方法持续开展质量分析、控制和改进工作。基于"质量门"的方式确保每一个关键环节的质量门指标满足下道工序的要求
交付质量控制	基于交付环节中客户需求的分析，应建立交付过程质量控制机制，运用质量管理工具、方法持续开展质量分析、控制和改进工作
PONC 导入	基于全质量链过程应导入不符合要求的代价，包含内部失效（如废品、返工、返修、重新检验和试验、产品降级等），外部失效（如顾客投诉处理、顾客退货、保修、产品召回等）。定期统计并分析改进 PONC
ECR 导入	基于麻烦消除（ECR）工作的有关要求，应制定本单位的 ECR 激励制度、实施细则和工作目标，开展丰富多样的 ECR 活动，以促进全体员工的积极参与，并不断提升 ECR 的管理水平；要求建立麻烦消除看板以及定期的回顾和总结条例
防错导入	基于产品实现的全质量链以及辅助产品实现的全过程或流程应导入防错的技术；制定本单位的防错激励制度、实施细则和工作目标，开展丰富多样的 ECR 活动，以促进全体员工的积极参与，并不断提升全员掌握防错技术的水平；定期地回顾和总结
MCS 导入	基于系统或过程的策划，应在全部产品的业务环节以及辅助业务环节导入预防的系统；每一个过程或系统应该基于预测、计划、控制、报告的思路去设计每一个过程或系统；过程或系统应该基于日、周、月、季度、年度等要素的预测、计划、控制、报告；过程或系统应基于全员、基层、中层、高层以及供应商和客户设计责任和流程以及预测、计划、控制、报告；计划和报告应该逐层地分解和逐层地汇报，汇报需要有偏差以及偏差分析

第五，在精益人力管理方面，要注重人的重要性及全员参与。

人是组织活动中最重要的要素，没有人的参与，其余的要素都显得微不足道。无论是零缺陷的"4P"模型中的"P_1"，还是精益生产或精益管理中强调的全员，都是在讲人的重要性。流程设计得再好，如果人掌握不了，这样的流程也是不能发挥作用的；反过来说，如果人不能伴随变化的规律去不断地优化流程，那么结果一定不是乐观的。只有人与流程共同发挥作用，且人有能力掌握并基于变化不断优化流程，这样的设计才是造就竞争力的核心。

表5-5　精益人力管理具体完善的策略

精益人才体系规划	应制订企业的精益人才发展规划，从员工、班组长、专家（管理、技术、质量等不同领域）、内训师、领导等多个层面建立相应的人才素质模型，定义其资格认证标准，并建立精益人才选拔、培养、认证、考评、激励等工作机制，有目标、有计划地培养各类精益人才
全员参与	围绕精益人才培养目标，精益管理不是一场活动而是一场持续的管理工程，精益管理应是全员的行为，必须制定措施保证全员参与
精益人才培养	围绕精益人才培养目标，结合企业实际开展精益人才的开发与培养工作。选用适合企业自身需要的精益工具与方法，合理设计精益培训课程体系，有计划地开展各级精益人才培训，并定期开展培训效果评估，不断改进完善精益培训工作
精益人才评价	应建立精益人才评价与激励机制，对精益人才进行有效的评价与激励，不断激发精益人才的管理与改善才能，形成人才发展与企业发展的良好循环
精益内训师	应建立和培养自己的精益内训师队伍，通过内训师教授精益管理知识，扩大精益影响的深度与广度，促进精益改善文化的形成
人才数据库	应建立精益人才数据库，数据库包含不同层次的人才，数据库需要动态的，且入库的人才也需要具备动态性，动态判定标准需要基于绩效完成情况判定。全部岗位优先使用精益人才，主管部门需要确定不同岗位中精益人才的比例

第六，在基础管理优化方面，要注重搭建基础管理的框架。

基础就是基石，大厦的高度决定于基石的深度，对于精益管理而言也同样如此，只有搭建了一个良好的基础管理的框架，如意识、风险、信息化、制度等，才可以承载精益管理要实现的目的，同时也是精益管理发挥作用以及持续发挥其影响的基础。

一个系统具备了持续发挥作用的功能，那么这个系统就具备了生命力和自我修复的功能。具体基础管理优化的策略增加了质量意识、信息化、风险管理、安全健康与环境管理4个模块。如表5-6所示。

表5-6 基础管理优化的策略的组成

5S管理	应有组织、有计划地开展全面的5S管理工作,建立健全5S管理制度和评价标准,通过广泛的、全员的5S培训和5S实践活动,创造良好的工作环境和塑造企业良好形象
目视化管理	为使管理过程清晰明了、规范高效,应结合企业实际,有效利用目视化管理工具,对企业运营管理的各要素进行目视化管理,并根据工作需要和情况变化,持续修订完善目视化管理标准
质量意识	应该树立符合质量战略的质量意识,在质量管理的策划下,各级人员都可以准确衡量产品是否符合要求,并报告每个偏差;全员基于自己的岗位都能够衡量出不符合要求的偏差;能够了解质量在质量、成本、交付期三个指标中的核心地位,三者出现矛盾时知道选择谁
信息化	信息化是现代化的重要标志,应建立一套或者整合在现有信息系统中,包括订单管理、计划调度、作业管理、成本核算、过程跟踪、决策支持、客户关系管理、业务协同等功能在内的信息系统
风险管理	基于风险的客观、偶然、必然、可变、可识别、可控、可收益性,在产品全生命周期内的识别、量化、评价、控制、评审等过程,通过计划、组织、领导、控制,综合运用各种科学的方法来保证目标顺利完成。质量风险管理过程所采用的方法、措施、形式及形成的文件应当与存在的风险的级别相适应。树立风险管理理念,利用适当的管理控制工具,依据企业产品的工艺特性、控制措施等相关因素,分析出影响企业产品质量的关键要素,对其进行重点检查,可以做到在有限资源的配备条件下,在认证检查过程中快速、准确发现企业产品管理的缺陷,从而为全面、客观地评估企业的体系提供数据支持,以保证产品质量
安全健康环境管理	应按照国家或国际相关标准建立安全、环保和职业健康等管理体系。改善作业环境,减少职业危害。开展安全管理,确保现场不发生人员伤亡事故。控制废弃物排放与能源消耗,达到节能减排目标,履行社会责任
制度建设	为提升制度建设及管理水平,保证各项规章制度有效执行,应加强制度建设管理,有计划开展规章制度梳理完善工作,并建立稽查机制,提高制度执行的有效性
异常管理	应建立异常管理机制,明确各项业务环节的异常标准和处置流程,将异常管理的方法应用到各项业务流程中,及时解决工作中的异常问题,保证企业各项业务正常运行

续表

合理化建议	应根据合理化建议工作的有关要求，制定本单位的合理化建议激励制度、实施细则和工作目标，开展丰富多样的合理化建议活动，以促进全体员工的积极参与，并不断提升合理化建议的管理水平

总之，导入全价值链精益管理，应当从突出战略规划的战略导向、突出领导作用的顶层设计、聚焦全价值链的精益管理、聚焦全质量链的质量管理和基于 PONC 塑造出来的"一次做对"的质量文化、全员人才育成基础管理等方面入手。通过全价值链精益管理的实施，加快推进管理工作的完善与提升，管理研发一个适合于制造业发展的精益管理创新且具备自我修复功能的管理体系，助推中国制造业核心竞争力进一步提升。

避免认知误区，把握"零缺陷"管理要求

零缺陷有没有缺陷？这种疑问是对零缺陷存在着严重误读，表现在十大方面，可简而归之为以下 10 个问题。通过对这 10 个问题的解答，可以帮助你掌握零缺陷管理系统的精髓，把握"零缺陷管理"在实践中的具体要求。

误读一："零缺陷只是一种质量管理的方法。"这种解读的意思是说，质量管理的方法太多了，让人眼花缭乱，而零缺陷只不过是其中的一个而已，有必要做吗？说这种话的有两类人，一类是不了解的，另一类则是自以为了解的。使前一类人了解比较简单，只需对他们解释清楚即可。但对后一类人可就要费口舌了。因为这类人往往都是具有不少"质量"背景的，有的甚至一直在从事质量工作。前面我们花了很多篇幅详细讲解"质量革命"，其目

的就是要让这后一类人把自己的"质量知识"和经验进行"还原"，从而发现自己的头脑已被病毒侵袭，并找到病毒的原型。实际情况也是这样，他们中的绝大部分都会"幡然醒悟"。当然，也有个别人是绝不承认自己中毒的事实的。但一旦他们明白过来，就会成为坚定的"零缺陷拥护者"。因为他们知道，零缺陷是一种新的质量革命的象征，是新的质量文化的符号；如果把它视为质量丛林中的一种方法，将会痛失历史的发展机遇，因为零缺陷恰恰是指导企业发展的新哲学和实践指南。如果说它是一种方法，那么它就是一种改变旧的质量文化的方法，是改变企业经营方式的方法。

　　误读二："零缺陷仅仅适用于制造业。"有这种想法的人一般都是从事服务业和质量控制的人。他们往往想当然地认为"缺陷"都是与蓝领们制造的产品有关，因此与他们无关。这种误解的害人之处在于把零缺陷当作了生产线上的螺丝刀，而没有当成组织肌体的手术刀。零缺陷的概念固然起源于制造业，但从 1965 年以后克劳士比就把它发展成适用于所有工商界企业的质量哲学，并在诸多领域广泛实践。如果把质量定义为满足客户要求的解决方案，那么人们就会惊奇地发现，在整个的工作过程中，白领们的"缺陷"最多、影响最大，所造成的损失高达蓝领阶层的五六倍！原因往往很简单——白领们不愿把手弄脏，不愿制定自己的工作规则和标准，但喜欢为别人制定工作规则和标准。因此，他们的工作充满波动和变异，不同的是，在蓝领那的工作会产生"返工"和报废，在白领则可能是遗憾和灾难。而这一切对企业来说就意味着客户流失、员工抱怨和利润干涸。成千上万的企业实证表明：要想改变这些，必须要用零缺陷的工作标准作为实践的指南，用"第一次就做对"的准则处理日常的业务和内外的关系，不管你是服务业的还是制造业的。毕竟那只是 20 世纪 80 年代以前的划分，对公司的"诚信和满意度"没有任何意义。

误读三："人们基础差，做起来太难，实施代价太大！"如果把零缺陷比作一种控制工具，那么的确是要有基础作为实施支撑的。但零缺陷是做人做事的哲学，是身处繁杂的竞争环境中的行动指针，因此，是任何一艘船在航行时都必不可少的。如果船很差、难经风浪，又没有指南针，那才是真正的行动代价。所以，基础的好与差不在硬件，而在软件，在船长那里。

误读四："人们的质量水平很高了，没必要做零缺陷。"对于管理来说最大的悲哀莫过于"自满"。水满了，什么也装不进去，就会变味。纵观世界500强百年来潮起潮落的排行榜，就是在一次次地向你昭示不进则退的真理和事实。如果企业清楚零缺陷是企业竞争的"双刃利器"，一面是客户满意、员工满意、股东满意和供应商满意；另一面是成本降低、利润增加，那么企业经营者就必须重新调整好自己的心态，把评价自己质量水平高低的标准交给市场与客户，从而把质量管理看作一个完整的、动态的和永无止境的过程。

误读五："企业面临生存问题的时候，没有做零缺陷的必要。"有许多企业很认真地认为他们面临的最大问题是销售和市场，而不是质量。显然，他们仍然停留在"传统的质量智慧"之中，将质量定位在硬件产品上，并用缺陷的数量来表示质量，而没有把质量当作工作的标准，尤其是对客户的诚信标志。人们可以设想，如果一个人天天只是盯着客户的钱包，客户一定会把钱包看得更紧；而如果他盯着客户的需要，每次产品都能符合这些需要，那么，就会有人为你打开钱包。另外，第一次就把事情做对，可以减少返工、补救和报废等浪费，提高工作效率和盈利水平，从而比自己的对手更有竞争力。所以，企业真正面临的生存问题不是缺少船桨，而是缺少头脑和方向。

误读六："零缺陷不适合国企、垄断行业和高风险行业。"中国加入WTO后，大型国企尤其是那些垄断行业和高风险行业在与外企对峙的时候，他们往往发现自己实力不足，因此急需寻找一种蜕变的良方。这也就是它们创建零缺陷质量文化的原因，比如许继集团、上汽集团、航空科技、航天集团、中石油和中石化等。但航空、航天以及国防工业中处于垄断地位的和高风险性质的企业的确有其特殊性，比如大量原创性活动、输出的东西无法确知、成本的概念淡薄、没有竞争的压力，等等，因此他们本能地认为"第一次做对"没有必要，也没有可能。但有趣的是，"零缺陷"的概念就产生在这种类型的企业。不同的执行标准和心态，产生不同的工作过程，最后是不同的结果。因此，一旦接受"凡事预则立，不预则废"的零缺陷文化，一定会产生意想不到的创造力。

误读七：管理层认为"零缺陷应该由质量部门负责。"如果一家公司的高层管理者持这种态度，一定是要么不解，要么误解。不知不为过，但误解甚至固执最可怕。显然，他们把零缺陷当作了一种质量管理的方法，而质量管理是由质量部门负责的，因此，零缺陷应该由质量部门负责推动。这是一种典型的传统质量逻辑，其结果必然使质量部门陷入困惑。一旦管理者明白了零缺陷就是卓越表现的文化、就是成本和竞争力，他们就会勇于负起责任的。

误读八："零缺陷是一种理念，而 Poke – Yoke（防错装置）才是有效的。"持这种观点的人是把零缺陷当作枪，并同其他的武器摆放在一起。他们说零缺陷是不错，可他们更需要打坦克的武器。其实，零缺陷本来就不应该摆在武器库里，而是要摆在指挥部里。因为它是指挥那些打坦克、打飞机者的理念，是防止他们头脑出错的方法。使用这种方法，可以帮助人们把头脑中经常容易出错并表现在工作中的错误进行分类、找出规律，然后进行控制，以免重复犯错误，这就是预防。如果"只拍苍蝇、不打老虎"，整体效果就会大打折扣。

误读九："零缺陷是目标还是结果？"由于对零缺陷存在误解，大家往往只把零缺陷作为目标，而不是结果，那只不过是一个不断追求的目标，是不可能达到的，只是激励大家的东西而已。许多人把零缺陷等同于完美无缺或100%的目标，提出"追求零缺陷质量"，似乎自己有了现代的质量理念，殊不知，这是一种美丽的谎言，美丽在于零缺陷花环，谎言则是因为它们仍抱持着陈旧的质量概念。零缺陷的质量定义非常清楚、简单：符合已确定之要求，说到做到，一次做对。所以，零缺陷是一种目标，即已确定的要求；更是一种结果，即必须100%地、不折不扣地去做自己答应要做的事情。因此，零缺陷还清晰地体现出一个组织或一个人的"诚信度"，这不是多一点少一点的数量问题，而是符合或不符合质量的问题；一个是用"可能"、"或许"这样的相对词语应对的概率论，另一个则是用"Yes"或"No"的绝对行动做选择的哲学。现在遵行这种哲学可使生活好过得多。在这种基本观念上改变人们的想法是需要下相当大的功夫的，虽然有人已逐渐改变，有很多人仍然在改变与否中挣扎犹豫。克劳士比对这类事情的看法是：不愿意为那些不是以零缺陷为经营目标的机构工作。

误读十："零缺陷管理在全球的现状。"许多人问克劳士比：既然零缺陷是世界级质量卓越的标志，那么为什么很少听到那些世界级的企业谈论它呢？这要从三个方面来看，一是现代管理者们，他们从西方的商学院毕业，零缺陷哲学是他们的基本的经营思想，"本来就应该这样"是他们的心态。二是世界级企业，比如IBM、GM、Motorola、HP和施乐等，从20世纪60年代就开始创建零缺陷质量文化，如今早已成为他们日常的工作习惯了。只有形成了一种习惯，才有可能进入无形却有神的阶段。做人做事就得这么做，没有别的准则，这是基本的要求。三是虽然零缺陷已成为质量控制人员和专家们的现代质量管理的知识体系中的基本内容，但是由于他们不懂管理，总是摆脱不了传统的思维，因此用半信半疑和患得患失形容他们较为贴切。这也就需要另一次零缺陷思想传播的高潮，从而把第二次质量革命进行到底。

一旦人们消除了上述对零缺陷的误解，就更进一步接近零缺陷的本义了。"零缺陷管理"的基本内涵和基本原则，大体可概括为：基于宗旨和目标，通过对经营各环节、各层面的全过程全方位管理，保证各环节、各层面、各要素的缺陷趋向于"零"。其具体要求有以下5点：

第一，每一个环节都不得向下个环节传送有缺陷的决策、信息、物资、技术或零部件，企业不得向市场和消费者提供有缺陷的产品与服务。

第二，每个环节、每个层面都必须建立管理制度和规范，按规定程序实施管理，责任落实到位，不允许存在失控的漏洞。

第三，每个环节、每个层面都必须有对产品或工作差错的事先防范和事中修正的措施，保证差错不延续，并提前消除。

第四，在全部要素管理中以人的管理为中心，完善激励与约束机制，充分发挥每个员工的主观能动性，使之不仅是作为被管理者，而且是以管理者的角度，以零缺陷的主体行为保证产品、工作和企业经营的零缺陷。

第五，整个企业管理系统根据市场要求和企业发展变化及时调整、完善，实现动态平衡，保证管理系统对市场和企业发展有最佳的适应性和最优的应变性。

如果你已经了解到零缺陷是一种工作哲学，也知道为什么组织需要这种工作理论的内在原因，那么就应该有准备、有计划地付诸实施了。要把零缺陷管理的哲学观念贯彻到企业中，即通过向员工揭示管理阶层的期望，使员工按照主管们的愿景去做事，使每一个员工都能掌握它的实质，树立"不犯错误"的决心，并积极地向上级提出建议，从而达到改进质量的目的。

第六章 零缺陷管理和精益管理的世界经验

开展零缺陷运动的效益表现在诸多方面，比如，提高产品的可取性，减少废次品和返修、检验等费用，降低产品成本；提高员工的工作技能和无误地进行工作的动机；保证交货日期，增强用户信用，从而增强企业的竞争能力，等等。比如，美国通用电气公司实施零缺陷计划后获得的经济效益是每花费 1 美元，可降低成本 170 美元。日本电气股份公司由于开展无缺点运动，仅 1965 年 5~12 月，成本就降低了 1 亿日元以上，而直接用于无缺点运动的费用为 60 万日元，表扬费用为 120 万日元，两项合计仅 180 万日元。德国在精益生产方式的基础上进一步提出了分形企业和精益管理的思想，要求整个企业的所有活动都必须面向用户，使其在近年来欧洲面临经济危机的形势下却能一枝独秀，其稳健的实体经济模式备受称赞。中国也有很多制造企业进行了积极而成功的零缺陷管理与精益管理实践，为中国整个制造业指明了方向。

企业实践的成功经验告诉我们，无论是零缺陷管理还是精益管理，都必须用超乎寻常的检查水准才能保证质量。零缺陷管理实践通过向员工揭示管理阶层的期望，使领导者的心愿清楚地表达出来，员工再按照主管们的心愿去做事,从而达到改进质量的目的。精益管理就是根据用户需求定义企业生产价值,按照价值流组织全部生产活动,使要保留下来的、创造价值的各个活动流动起来,让用户的需求拉动产品生产,并发现和及时消除价值流中所隐藏的浪费现象,不断完善,达到尽善尽美。

零缺陷管理在美日

美国在 20 世纪 60 年代初推行零缺陷运动后，零缺陷管理最早应用于美国佛罗里达州的马丁·马里塔公司的奥兰多事业部，又称零缺点。1962 年这家公司与美国军事部门签订了一项为潘兴式导弹制造部件的生产供货合同，合同规定的交货期限很紧，对质量要求更严。在军令如山、不容耽搁的情势下，为提高产品的可靠性，解决"确保质量"与"按期交货"的矛盾，马丁公司急中生智，毅然打破常规旧习，开展了一场"无缺点运动"，采取一套崭新的生产和质量管理方法。

这一运动的主要内涵包括 4 个方面的内容：一是打破传统的"人总要犯错误"理念，改换成"只要主观尽最大努力就可以不犯错误"的理念，以此动员全体员工追求无缺点目标，自觉避免工作失误；二是打破以往生产与质检的分离格局，要求每个操作者同时也做质检者，规定上道工序不得向下道工序传送有缺陷的产品；三是打破过去的对错误只有事后发现和补救的常规，讲求超前防患，事先排出可能产生缺点的各种原因和条件，提前采取改正措施，做到防患于未然；四是打破生产过程中各工序、各员工各自为战、各行其是的习惯状态，要求树立全局观念，主动配合，密切合作，从总体上保证实现无缺点目标。五是"无缺点运动"果然一举奏效，合同期限一到便交付出无可挑剔的 100% 合格率的产品。

马丁公司创造的"无缺点运动"轰动了西方企业，仿效者如云。1963 年，美国通用电气公司在全公司范围内实施零缺陷计划，并增加了消除错误原因建议这一重要内容，从而使零缺陷计划更加完善。1964年初，美国国防部正式要求军工系统的企业普遍采用零缺点计划，许多民用工业企业也相继实施零缺点计划。这样，零缺陷的概念逐步得到了认可和推广，美国在1988年设立了克劳斯比质量奖，1992年设立的欧洲质量奖的核心框架体制亦是克劳斯比质量奖。"零缺陷"产品模式得到了广泛应用。

日本企业是"零缺陷"的推广受益者和成功实践者。1965年5月，日本电气股份公司首先在日本开展了零缺陷管理，称为"零缺陷运动"。日本一协会还专门向美国派遣了"零缺点计划"考察团，并组织了推进零缺点计划研究会。仅一年多的时间，在日本开展零缺点运动的公司就有100多家。"零缺陷"在日本制造业中得到了全面推广，使日本制造业的产品质量得到迅速提高，并且领先于世界水平，继而进一步扩大到日本工商业所有领域，从而造就了日本产品在20世纪七八十年代风靡世界的市场奇迹。

20世纪70年代，日本丰田汽车公司一位名叫新江滋生的质量管理专家提出了零缺陷预防控制的方法——"防错法"，在日本的企业界有着广泛地运用，并产生了实质性的巨大的改善效果，有效地提高了企业竞争力和获利能力，使日本质量成为世界级企业的"标杆"。防错法基于"以人为本"的理论，通过防错技术和装置的应用，替代过去依靠人工完成的重复劳动，并杜绝那些由于难以保持高度注意力和记忆力而产生的缺陷，实现更低的投入和更高的效益。

日本丰田汽车公司全面应用和实践的防错法，是推进和实现制造"零缺陷"的有效途径和具体举措。实践证明，只要持之以恒，以"严、慎、细、实"的作风抓好落实，在产品研制全过程树立"零缺陷"的意识，开展防错意识教育和技巧训练，实施全员全过程防错，产品制造"零缺陷"的目标就一定能够实现。

"零缺陷"质量管理经过美国和日本的最初实践，现在已经成为一种管理态度和管理意识，因而也是一种管理哲学。它告诉人们，要做到"零缺陷"，就得在质量管理上有一套质量保证体系，在执行中做到严格、严格、再严格。

精益管理在日美

从 20 世纪初期开始，以美国福特作为标杆的大批量生产方式揭开了现代社会化大生产的序幕，福特汽车所倡导的标准作业、专业分工、批量流水作业等原则，使生产效率得到了极大的提升，从而降低了生产成本，使得效率低下的单件生产方式慢慢被企业淘汰。大批量生产方式从此替代了单件生产方式。这段时间在历史上被称为"第一次生产方式革命"。

从"二战"后开始，整个世界的需求发生了整体性的变化，社会进入了市场需求多样化的新阶段，多样化的要求使工业生产也必须向多品种、小批量的方向去发展，而原有的单品种、大批量的流水生产方式的弱点也已经暴露无遗，大批量生产不能灵活适应市场需求多样化的要求，靠增加批量、降低成本的方法使企业充满活力的方式已经完全行不通，在这样的条件下，企业必须寻求多品种、小批量的生产方式。

在这样的大环境下，日本的经济在"二战"后几乎处于瘫痪状态，日本丰田汽车公司积极探索，历时近 20 年，终于在 20 世纪 70 年代末形成了丰田独特而神奇的丰田生产方式。在 20 世纪 80 年代日本的汽车制造业战胜美国之后，丰田生产方式随后被管理专家深入研究并将之称为"精益生产"，精益生产被誉为"改变世界的机器",精益生产开始风靡全球。精益生产是在多品种、小批量生产条件下进行高质量、低成本的生产方式,精益生产已是多品种、小批量条件下生产方式变革的方向。精益生产取代福特的大批量生产制,这被称为"第二次生产方式革命"。

丰田汽车公司在 1937 年刚刚成立的时候,只是一个年产量只有 4000 辆的手工作坊式的工厂,当时整个日本汽车市场都是美国通用和福特的天下。尤其是在"二战"刚刚结束后,日本转入战后经济恢复期,那段时期的丰田更是面临着极大的生存考验,日本汽车业的劳动生产率不到美国的 1/9。但是随着丰田生产方式的创始人丰田喜一郎到来后,认为其原因并不是因为美国人付出了日本人 10 倍的体力,一定是日本人在生产中存在非常严重的浪费和不合理现象,只要消除了这些现象,劳动生产率就应该达到现在的 10 倍。从此,丰田走向一种彻底消除浪费、创造价值的辉煌之路。

日本企业家丰田英二和他的伙伴、时任丰田汽车公司副总裁的大野耐一进行了一系列的探索和实验。1950 年,丰田英二考察了美国底特律的福特公司的轿车厂,1956 年,大野耐一到美国参观了通用公司、福特公司的汽车工厂。他们根据日本的国情,提出了解决问题的方法,这就是以后的最具革命性的生产管理方式——丰田生产方式。

丰田生产方式是日本工业竞争战略的重要组成部分,它反映了日本在重复性生产过程中的管理思想。丰田生产方式的指导思想是,通过生产过程整体优化,改进技术,理顺物流,杜绝超量生产,消除无效劳动与浪费,有效利用资源,降低成本,改善质量,达到用最少的投入实现最大产出的目的。通过推行精益生产方式,日本企业实现了下列目标:制品数量及其占用资金降低 50%;产品质量损失至少降低 30%;订单交货期至少缩短 1/3;设备故障停机率减少 30%;生产耗用工时降低 10%~30%;人员减少 30%,厂房占用面积减少 30%～50%；管理干部素质提升到同行业先进水平，员工士气明显提升。

日本经过 30 多年的努力，汽车工业超过了美国。到了 1982 年，与美国通用汽车相比，劳动生产率已经发生了翻天覆地的变化：在那一年，通用汽车人均的年产量是 6 辆汽车，而丰田却在这个数据上达到了 55 辆之多。通用汽车的人均利润是 1400 美元，而丰田汽车的人均利润是通用的 10 倍之多。此后丰田继续保持着良好的发展势头，丰田汽车公司的成功在很大程度上得益于实施精益管理。

日本企业在国际市场上的成功，引起西方企业界的浓厚兴趣，西方企业家认为，日本在生产中所采用的方式是其在世界市场上竞争的基础。20 世纪 80 年代以来，西方一些国家很重视对丰田生产方式的研究，并将其应用于生产管理。

1989 年，美国麻省理工学院发表了"改变世界的机器"的著名报告，总结了丰田的生产方式，指出它的重大历史意义，认为这是制造工业的又一次革命。报告将包括德国在内的欧美汽车工业中所采用的生产方式称为"大量生产方式"，认为日本的自动化技术是一种对企业整体进行全面的科学管理，并将其取名为"精益生产方式"，表达了丰田生产方式精益求精、以简代繁的特点。针对当时美国大多数企业过于臃肿的现实，报告提出了"精简、消肿"的对策。

精益生产的基本目的是，要在一个企业里同时获得极高的生产率、极佳的产品质量和很大的生产柔性；在生产组织上，它与泰勒方式不同，它不是强调过细的分工，而是强调企业各部门相互密切合作的综合集成，综合集成不仅限于生产过程本身，而且尤其重视产品开发、生产准备和生产之间的合作和集成。精益生产不仅要求在技术上实现制造过程和信息流的自动化，更重要的是从系统工程的角度对企业的活动及其社会影响进行全面的、整体的优化。换句话说，精益生产不仅着眼于技术，还充分考虑组织和人的因素。

精益生产体系从企业的经营观念、管理原则到生产组织、生产计划与控制、作业管理以及对人的管理等各方面，都与传统的大量生产方式有明显的不同。如表6-1所示。

表6-1 精益生产方式与大量生产方式的不同点

	精益生产方式	大量生产方式
生产目标	追求尽善尽美	尽可能好
分工方式	集成、综合工作组	分工、专业化
产品特征	面向客户和生产周期比较短的产品	数量很大的标准产品
产品后勤	准时生产（JIT）的后勤支援	在所有工序均有在制品缓存
产品质量	生产各环节都展开质量保证活动	由检验部门事后进行检验
自动化	柔性自动化，但尽量精减简化	倾向于刚性和复杂的自动化
生产组织	加快速度的"同步工程"模式	依次实施顺序过程模式
工作关系	强调工作友谊，团结互助	感情疏远，工作单调，缺乏动力

从表中可见，精益生产方式首先在产品质量上追求尽善尽美，保证用户在产品整个生命周期内都感到满意。在企业内的生产组织上，充分考虑人的因素，采用灵活的小组工作方式和强调相互合作的并行工作方式。在物料管理方面，准时的物料后勤供应和零库存目标使在制品大大减少，节约了流动资金。在生产技术上采用适度的自动化技术又明显提高了生产效率。所有这一切，都使企业的资源能够得到合理的配置和充分的利用。

精益生产方式与以欧美为代表的大量生产方式相比，到底有些什么优越性呢？1990年美国麻省理工学院学者发表的一个国际汽车生产共同研究报告，曾对此作了详细的比较研究。该研究用了5年时间，花费了3500万美元的巨资，组织日、美和欧洲各国（地区）50 多位专家，在对世界 17 个国家的 90 个汽车制造厂进行广泛调查的基础上，发表了一份关于汽车工业生产经营方式的大型实证性研究报告。

根据这一研究结果，与大量生产方式相比，日本所采用的精益生产方式的优越性主要表现在以下几个方面：所需人力资源无论是在产品开发、生产系统，还是工厂的其他部门，与大量生产方式下的工厂相比，均能减至 1/2；新产品开发周期可减至 1/2 或 2/3；生产过程的在制品库存可减至大量生产方式下一般水平的 1/10；工厂占用空间可减至采用大量生产方式工厂的 1/2；成品库存可减至大量生产方式工厂平均库存水平的 1/4；产品质量可提高 3 倍。

精益生产方式给汽车生产带来的变革是有目共睹的。随着市场环境向多样化方向变化以及竞争的不断加剧，精益生产方式的应变能力以及对质量、成本、生产周期的有效控制方法，不仅影响汽车工业，而且对众多制造业的影响也越来越大。精益生产的核心，即关于生产计划和控制以及库存管理的基本思想，对丰富和发展现代生产管理理论也具有重要的作用。精益生产方式作为一种彻底追求生产的合理性、高效性，能够灵活多样地生产适应各种需求的高质量产品的生产技术和管理技术，其基本原理和诸多方法，对许多其他制造行业的企业也都具有积极的意义。

精益管理在德国

日本制造业在 20 世纪七八十年代的崛起和美国麻省理工学院 1989 年关

于日本精益生产的调查报告给德国人很大的震动。该报告将日本汽车工业的生产方式取名为"精益生产方式",这一概念的出现在世界范围内掀起了一股研究先进制造系统模式的浪潮。

素以严谨著称的德国人在精益生产的基础上进一步发展,他们根据自己的实际情况提出了分形企业和精益管理的思想,要求企业的所有活动都必须面向用户。通过在制造业中广泛应用,取得良好的成效。其精益管理思想包括基本战略、导入准则和基本方法三个方面的内容。

基本战略包括三个方面:

一是拓宽解决问题的能力。解决问题的能力包括对问题的认识和分析能力以及解决问题方法的设计和实施能力,应尽可能将所有职工结合在连续改善的过程中。

二是减少系统的复杂性。产品、层次型组织结构和过程的复杂性不仅会使企业的管理和发展变得困难,而且使生产经营成本增加。减少复杂性首先要找出产生复杂性的原因。引起复杂性的原因有企业成果的复杂性和用户要求的复杂性、企业规模、未来市场环境的不确定性和动态性、按功能分解的组织结构。减少复杂性的方法如下:按生产流程进行管理;优化车间布置;建立与供应商的伙伴关系;与生产同步的采购;减少产品品种的多样化;减少加工深度。

三是合适的领导和控制原则。精益管理中新的组织结构形式以及面向职工的原则,要求领导方式的相应改变,要求将任务的责权和管理下放给承担任务的职工。

导入准则包括四个方面:

一是避免无效劳动和浪费。区分创造价值的活动和不创造价值的活动以及浪费。所谓创造价值的活动,是用户准备付费的活动和提高产品价值的活动。

二是建立精益组织结构。组建从矩阵结构变化到集成的面向过程的团队，可以减少合作费用和多重管理的费用。

三是标准化的导入。采用标准化可以减少管理费用，提高过程质量。同时需要对标准化不断进行完善，以适应不断变化的环境需要。

四是面向过程的控制。将时间、成本和质量等目标统一考虑，不仅强调对企业外部的用户负责，也强调对企业内部的用户负责。

基本方法包括七个方面：

一是预防型的质量控制。质量保证不再作为一个专业岗位，而是职工本职工作的一部分。预防型的质量控制要求尽早排除产品和过程中的潜在缺陷源。

二是价值创造链的集成。包括：组织的集成，减少产品的加工深度，减少供应商的数量；过程的集成，面向制造或装配的设计，全面质量管理；时间的集成，活动的并行（只有各个活动是独立的，才能并行展开）。

三是模块化的组织结构。包括两方面的概念：其一，生产单元，这是一种自治的小组织单元。威德曼对德国的 20 家企业的调查表明，74% 的企业已建有这种单元；其二，减少企业的层次，这 20 家企业中有 21% 的企业多于三层，58% 的企业为三层结构，21% 的企业为两层结构。

四是团队工作。团队工作的基础是职工的素质、下放计划功能和控制功能、责任和权利的统一。引入团队工作的目的是：通过赋予小控制圈以更多的责任，可以显著提高产品质量；加强团队内和团队间的相互支持；对职工进行专业知识的教育，发挥他们的创造能力和解决问题的潜力；通过拓宽工作内容，扩大责权范围和提高对工作的满意度；减少横向的部门分割，改善工作流。

五是反求工程。为了在整体上把握整个价值创造环节和充分满足用户的需要，应该采用一种适应市场以及产品、生产和后勤管理特点的方法。反求工程从结果、从用户和市场出发，进行生产计划安排。因此需要对目标成本、目标交货期和目标质量三个因素进行协调和控制。支持反求工程的组织是面向过程的组织。

反求工程要求：计划人员必须将整个产品增值过程作为单一系统来考察；将解决用户的问题和进行生产和后勤方面的转换作为企业重组的前提；要不断地改善生产和后勤系统，提高解决问题的能力。这里要注意两方面的问题，一是接近用户，以便抓住目标（价格、时间和质量目标）和识别自己的产品在满足需求方面的作用；二是注重创造价值的过程，以便有效地进行系统改造，提高用户的满意度和效率。

六是相互对话。通过组织单元间的相互对话，帮助全面提高生产效率和改善信息的交换，消除生产活动中的不协调情况。

七是可视化的通信。其作用是，在出现扰动的情况下，帮助有效地解决问题；改善质量；改善信息和通信的关系；团队的共同思考和行动；提高柔性；拓宽职工处理问题的空间；提高职工的积极性；使工作流变得透明。可视化通信和信息交流的工具除了信息板外，还有挂图、布告、小册子、实物模型和电影等。

上述精益管理方式首先在奥迪公司进行试点，后来经过加工提炼，形成了适合大众集团的工作体系，叫作"大众生产系统"。大众生产系统是以九要素的推行方式来开展的，九要素包括班组工作、过程质量控制、全面效率维修、目标管理、物料管理、工位组织、目视管理、标准化操作及改进工作。

2005 年，德国大众在原有基础上，开发了 KVP – Kaskade 这种体系推进方式，其中 Kaskade 的字面本意是瀑布或像瀑布一样流下，KVP – Kaskade 寓意为：持续不断的、气势磅礴的、全员参与的改进。德国大众通过一系列的方法来应用并推广这套体系。

首先，专业的部门及专业的人员，相当于教练员与主持人。

德国大众拥有专业的部门来开展精益生产。有负责 KVP‑Kaskade（人机工程持续优化项目）研发与设计的部门，其任务是开发新的 KVP‑Kaskade 波次及针对已经开发出来的波次进行样板的建立，他们充当教练员的角色来培训和指导主持人；还有负责 KVP‑Kaskade 具体实施的部门，作为主持人来负责主持 KVP‑Kaskade 的实施及任务完成；此外还有相关的参加部门，例如规划部门、生产部门等，大家共同进行 KVP‑Kaskade 工作。

这种做法非常有好处，专职人员带来的专业水平及工作效率，远远超过兼职人员，而且设立专职人员能够让精益生产推广工作得到更高的重视程度及更多的支持，从而使优化持续不断地进行。

其次，标准化的工作方式——Workshop。

德国大众开展精益生产的工作方式是 Workshop。由全职的主持人邀请人员参加 Workshop 工作，参加人员有全职参加的也有按需参加的。德国大众将 Workshop 工作制定了一套明确的工作流程，包含准备阶段、执行阶段及后续工作，详细地规范了每个参加人员的职责以及每天 Workshop 小组的工作内容。

以某期 Workshop 为例，参加人群中，主持人、班长、工长为全职参加，工程师、主管及经理为按需参加。第一周叫作准备周，第二周叫作问题查找周，第三周叫作措施实施周。用三周的时间以 Workshop 的形式对开展区域进行优化，消除浪费，要符合相应阶段的原则和标准，并向领导进行汇报，小组成员共同对成果负责，完成既定目标。正是由于有着严谨的工作流程，确保了每期 Workshop 工作的标准是一致的，也确保了在后续的工作推广过程中不走样。

再次，模块化的工作方法——40个方法模块。

德国大众体系研究部门开发出了40个方法模块，应用于上述KVP-Kaskade的5个波次当中的对应阶段。例如第一波第一阶段可以应用的方法模块有8种，分别是发现浪费、现场5S、动作经济性原则、拿取范围优化、一个工位原则、操作空间优化、线旁备货及节拍平衡。下面通过第一波第一阶段的一个案例来讲解模块是如何被使用的。

某班组的前杠横梁装配中，在装配横梁时员工需要往返行走三次以上，存在发现浪费中的行走浪费。改进前，员工装配前杠横梁，拿取7个螺钉、电动和手动校验工具，造成反复的行走浪费；改进后，制作能够放置前杠横梁、螺钉和工具的随行小车，员工使用小车一次行走就完成装配，消除行走浪费。上述过程中应用了拿取范围优化的方法模块。

通过使用这些标准的方法模块来进行Workshop工作，便于发现问题并解决问题。这些方法模块为改进提供了一个标准化的方法，减小了由于人员理解差异给优化结果所带来的影响。

最后，全员参加的持续改进。

德国大众从董事会层面就非常关注精益生产，在每次的KVP-Kaskade、Workshop汇报会时，会邀请董事层面的领导听取汇报并点评。这样不仅提高了全员对KVP-Kaskade工作的重视程度，更重要的是鼓舞了全员的士气，使全员都带着热情投入到KVP-Kaskade改进工作中去。

工作层面所有部门都有实施（而不是参与）KVP-Kaskade的职责，所有部门都有相应的负责人和KVP-Kaskade的联系人，在Workshop工作中对应岗位的生产一线操作人员也要参加，真正做到了全员参加的持续改进。

在精益生产方面，可以说德国大众取得了成功，其成果也反映在近些年的市场表现上。如今很多企业都在学习精益，但是学习的效果参差不齐。德国大众之所以能取得成功，主要得益于以下几个方面：一是将先进的生产方式与其企业实际相结合，形成自己的体系；二是形成了改进的文化，公司全员都投入到改进工作中；三是标准化，形成标准化的流程步骤，保障了工作开展的一致性；四是固化成果，通过建立文件或流程将优化成果延续下去。KVP – Kaskade 作为德国大众生产体系的推进方式，是助推德国大众集团战略成功实现的重要工具。

零缺陷管理和精益管理在中国

我国传统的生产管理模式，是在学习前苏联生产管理模式的基础上建立发展起来的，历经 50 余年，虽然很多企业也在不断地学习、探讨一些先进的生产管理模式，但还是相对落后的。随着市场经济的快速发展，企业的生产经营管理也发生了巨变。如何建立起高效、低成本的生产管理模式使其快速满足客户需求成为每个制造企业必须面对的问题。在这种情况下，航天行业、汽车行业、家电行业、连锁餐饮的零缺陷管理，以及长春第一汽车制造厂的精益生产实践，对于整个制造行业来说具有典范意义。

在航天行业，中国航天在 2010 年开始开展了航天业零缺陷质量文化建设项目研究，共同探讨具有中国航天特色的零缺陷理念在航天业的形成和发展历程，并取得了很好的效果。中国航天始终秉承航天人"质量是政治、质量是生命、质量是效益"的理念，针对航天工程系统庞大、环境复杂、参研单位多、技术风险大的特点，创新地实施航天精细化质量管理，创造了以全员参与的"零缺陷"航天质量文化为引领、以航天工程全过程精细化质量控制为手段、以质量管理体系和产品保证能力为基础的中国航天质量管理模式，实施独创的质量问题技术和管理"双五条归零"、技术风险分析、独立评估等一系列的质量控制方法。取得的成绩有以下五个方面。

一是推进了质量制胜战略。充分发挥"零缺陷"航天质量文化的引领作用，创新精细化质量管理方法，有效控制研制风险，要有计划、有重点地开展航天质量问题"双归零"等质量管理成果方法的推广应用，为中国质量管理水平的整体提升做出应有的贡献。

二是推进了技术创新战略。重点围绕基础前沿、专业技术、战略性新兴领域开展技术攻关，以航天系统工程理念推进企业技术创新体系建设，提升航天新概念、新原理、新领域的原始创新能力和重大航天工程的集成创新能力。

三是推进了人才强企战略。依托航天重大项目，构建航天人才的成长平台，着力培养高端人才，造就一批具有国际水平的领军人才、科学大家、工程大师、企业家和技能大师。持续开展全员质量教育，使"零缺陷"质量意识深入人心，不断提升全员质量素养。加强质量专业队伍建设，建立高等院校和国内国际一流企业，为航天事业的长远发展提供坚实的人才储备。

四是推进了品牌建设战略。大力推进品牌建设战略，完善品牌构架体系、品牌管理体系和品牌推广及维护体系，重点培育中国航天的企业品牌和优势核心产品品牌，不断提升集团公司品牌的美誉度和知名度，确立集团公司参与国际国内竞争的品牌优势，大幅提升品牌对集团公司发展的贡献率。

五是推进了质量基础建设。实施工艺振兴计划，开展重大工艺专项研究，突破工艺技术"瓶颈"，治理共性工艺问题，推广应用先进制造技术，提高公司整体工艺水平。推进航天核心元器件、关键原材料自主可控工作，提高核心器件的自主保障能力。优化航天供应链管理，有效实施对供应链全过程质量控制，通过航天重大工程任务的实施，促进供应链各成员单位的协调发展，有效带动国家基础工业水平的整体提升。

六是推进了国际化发展战略。在更多领域和更深层次地加强国际间学术交流和项目合作，与国际一流宇航公司建立了合作平台，培育国家级国际科技合作项目；拓展国际交流与合作空间，巩固和发展与国际知名智库、非政府组织的沟通联系，积极参与国际组织的活动；积极开发国际宇航发射、整星出口、卫星地面应用海外市场和军贸产品出口等业务领域，展现中国航天产品的高质量、高可靠性。

在汽车行业，从 2002 年开始，汽车行业诸多的企业开始以"质量月"活动为主题，树立"零缺陷"理念，统一部署了一系列质量活动，如下所示。

一是各单位采取多种形式，广泛宣传、牢固树立"零缺陷"理念，推动了全年科研生产和各项任务的圆满完成。

二是持续改进质量管理体系，不断提高质量管理体系运行的有效性。以梳理质量链为契机，开展质量管理体系建设相关工作；各单位紧密结合实际开展质量管理体系持续改进活动。

三是广泛开展全员质量宣传教育和质量培训活动，充分利用宣传教育、班组建设、QC 小组、知识竞赛、演讲、培训、交流等多种形式，开展有特色、有实效的质量文化建设和群众性质量活动，进一步强化全员质量意识，激发全员做好岗位质量工作的主动性，提高全员质量素质和技能。

四是总结提炼组织编制了新版质量文化手册，展现质量文化建设成果，指导各单位质量文化建设工作。

五是进一步规范、深化 6S 管理，结合实际深入开展 6S 管理创牌工作。

二是识别差距。通过沟通，在迅速把握外部客户需求的基础上，充分明确目标，将其转化成企业的行动标准投入工作。

三是预防准备。随后，企业需要进行预先防范，这是一切工作的基础。对潜在问题的挖掘和对现有问题进行改进，通过差距识别，消除问题和隐患，同时做好特情的预案工作，沉着稳定以不变应万变。

四是心行到位。需要员工保持心与行的统一，做到想、看、动、察贯穿战略、运营及操作管理的各大小系统和各流程。战略管理明确系统方向、运营管理协调系统动作、操作管理保证个体行为准确无误，三者环环相扣，不可或缺。

五是衡量分析。衡量考核也是必不可缺的关键环节，"一次做对"通过员工自评、班组互评、部门、公司、系统、技术六级测评机制对员工进行衡量分析，可以更好地激发员工内力。

六是持续改进。最后，持续改善是企业发展的前提。"一次做对"需要始终坚持做对，并不断提高水平；改正做错的，并防止再发生；同时不断地减少相对 PONC，向更高的目标挑战。

长春第一汽车制造厂是最早引进精益生产方式的企业。1979 年下半年，"一汽"开始边学习，边创造条件，边试点，逐步推广应用精益生产模式。1981 年，精益生产的创始人之一，丰田公司的大野耐一先生访问了"一汽"，帮助推广精益生产方式，内容主要是应用看板系统控制生产现场作业。到 1984 年，在短短的实行精益生产四年的时间里，在 20 个专业厂 2831 种汽车零部件实行看板取货，42 种协作产品由协作厂直送工位，压缩了流动资金 1830 万元，取消中间仓库 17 个，节约仓库面积 1661 平方米。在看板取货的基础上组织了看板生产，全厂 10 条生产线有 61 种零件实行了看板生产。

20 世纪 80 年代初，中国企业管理协会组织推广现代管理方法，看板管理被作为推广的现代管理方法之一，在全国范围内进行宣传，并为许多企业所采用。近年来，我国企业对精益生产方式有了进一步的认识，在汽车、电子、仪表制造业等实行流水生产的企业中应用精益生产，获得了明显的效果。例如，第一汽车制造厂、第二汽车制造厂、上海大众汽车有限公司、四川仪表四厂等一批企业，应用精益生产，并结合我国国情、厂情进行了创造性的工作，取得了丰富的经验，创造了良好的经济效益。这些企业的主要做法是：第一，以看板为手段，在生产组织上改"推动式"为"拉动式"生产，整个企业以市场需要为目标组织生产，使企业库存下降、流动资金减少；第二，在劳动组织上实行多机床操作、多工序管理，培养多面手，有效地提高了劳动生产率；第三，在质量管理上，以 QC 小组为基础，开展生产工人自我控制、创合格工序、加强质量监督、产品创优等活动，不断提高产品质量；第四，在现场管理方面，开展不间断的"5S"活动（即整理、整顿、清扫、清洁、素养），实行定置管理及目视管理，以提高文明生产水平；第五，在设备和工具管理上，实行机、电修理服务到现场，重点工序巡回保全维护和快速修理，以及刀具直送工位，强制换刀和线外换刀等管理办法。

从上述这些行业推行基于零缺陷的精益管理方面所做的努力来看，虽然各个行业各有自己的特点，但其共性经验对中国最专业实施基于零缺陷的精益管理的启示可概括为如下几点：

首先，都重视全员的行为。全员参与是实施任何一项工程成功的必要条件，借鉴不同的方式让全员参与进来，在参与的过程中逐步适用变革，在逐步适用变革过程中慢慢形成习惯，新的文化便形成了。

其次，都将其当成战略去推进。当成了战略也就意味着形成共识，认识实施变革对企业的现在、未来的重要性，为企业发展指明了道路。

再次，都总结了一套检查的标准或步骤，确保变革得到持续的落地。无论是海尔的评分还是汽车行业的达标班组，都是找到一个载体，将要实施的管理用标准化的实施规则清晰地表达出来，这样各个管理者在应用时都找到了一个共同的基准。

最后，都提到了持续的改进，只要是持续的改进就具备了生命力，生命力的具体体现就是与时俱进，在不断提升的同时也顺应时代和客户的需求。

第七章　西方管理与东方管理的结合

　　美国管理大师彼得·德鲁克，曾任美国通用汽车公司、克莱斯勒公司、IBM 公司等大企业的顾问，他的管理思想在世界多国广为传播。"创造顾客"是德鲁克思想的核心价值。德鲁克对于企业存在的理由给出的唯一答案就是"创造顾客"。要了解企业就要了解企业的外部，要了解企业的外部就要从企业的顾客开始，这是德鲁克管理实践的基本逻辑。企业自身的产品并不会影响企业的前途或者成功，而是顾客最后决定企业的前途和成功。如果顾客改变了，公司也要跟着改变。企业要用新的方式，组合或运用既有的知识，创造并满足顾客的需要。

　　被称为日本"经营之圣"的京瓷集团的创始人稻盛和夫集自己 50 年的亲身管理实践，提出了被称为"稻盛和夫哲学"的企业经营理念。他的经营哲学集中到一点就是："敬天爱人"。所谓"敬天"，就是按事物的本性做事；所谓"爱人"，就是按人的本性做人。稻盛和夫哲学的基本价值取向和判断，依据的都是"作为人，利他之心"的思想，这里的"他"既包含企业外部的顾客，也包括企业内部的员工。利他之心具有强大的力量，利他即是利己，企业要为顾客服务，一切站在顾客的角度来考虑问题，满足顾客的要求。

　　从德鲁克和稻盛和夫对管理的论述当中不难看出，两位老先生对管理的本质和目标的看法是不谋而合的：一个企业只有心怀利他之心，才能创造顾客，才能与顾客分享价值。企业家和商人最大的区别在于企业家是用利他之心，用制度、文化、人才、流程等手段，把机会留住并做强做大。

东西方管理思想的发展趋势是融合，将中国式管理与西方管理结合，就是以中国传统文化精髓为理念，以西方管理方式为标准，实行中国式管理，唯有如此，才能是正确的态度和有效的方式，正可谓中国理念、西方标准。"路漫漫其修远兮，吾将上下而求索"，中国制造业应该在学习和借鉴世界先进管理经验的同时，高擎振兴民族工业的大旗，向世界提供永不落伍的优质产品和完善服务，让中国元素成为世界商界的主流！

以德鲁克为代表的西方管理

《哈佛商业评论》曾有过这样一句话："只要一提到彼得·德鲁克，在企业的丛林中就会有无数双耳朵竖起来听。"德鲁克的管理思想代表了西方管理思想，他对世人有卓越贡献及深远影响，被尊为"大师中的大师"、"现代管理之父"。事实上，在德鲁克之前，西方对管理的描述是非常有限的，在他之后，凡讨论管理学，必有他的影子。

彼得·德鲁克，1909年生于维也纳，先后在银行、保险公司和跨国公司任经济学家与管理顾问，后辗转贝宁顿学院、纽约大学等任哲学、政治学和管理学教授。从1971年起，他长期在加州克莱尔蒙特大学任教，该校后来以德鲁克之名成立了"德鲁克管理研究生院"。德鲁克一生著述颇丰，共著书39本，被誉为"现代管理学之父"、"大师中的大师"。

1954年11月，德鲁克的《管理的实践》一书出版，精辟地阐述了管理的本质："管理是一种实践，其本质不在于'知'而在于'行'；其验证不在于逻辑，而在于成果；其唯一权威就是成就。"在该书中，德鲁克以"管理企业、管理管理者、管理员工和工作"为主轴，就管理者的角色、职务、功能的认知及其未来面临的挑战进行了系统的阐释，掀开了管理的奥秘与实务。后来，1973年出版其巨著《管理：任务、责任、实践》，为管理学的学习者提供了一本既有完整的理论体系、又具有极强的可操作性的系统化教科书，被许多国家的企业与学术界奉为管理学的"圣经"和"百科全书"。

作为第一个提出"管理学"概念的人，德鲁克总是以其独有的思考力和洞察力引领时代：20 世纪 50 年代初，当绝大部分的企业管理者都不知计算机为何物之时，德鲁克就指出计算机终将彻底改变商业；1961 年，他提醒美国要关注日本工业的崛起；20 年后，又是他首先警告说这个东亚国家会陷入经济滞胀；在 1969 年德鲁克就预言知识员工将作为一种新的劳动者类型出现，他们的职业将不再依靠出卖体力而是依靠所学知识，并认为提高知识员工的生产率将成为提高一个国家或一个企业组织竞争力的关键课题；1987 年10 月美国股市大崩盘，对此，德鲁克早有预料，"不是因为经济上的原因，而是基于审美和道德"；基于对未来知识经济的深刻洞见，20 世纪 90 年代，德鲁克又率先对"知识经济"进行了详细阐释，认为未来的组织将是以信息或知识为基础的，革新旧的事业理论并进行知识创新是管理的最大难题和挑战。

德鲁克颠覆了有关企业的传统定义，首次在管理思想史上提出了企业的目的是创造顾客而不是利润的观点。德鲁克认为，现代社会是一个"组织的社会"，通过组织这个器官来协调个体存在与社会存在之间的张力，能够有效抑制社会动荡的产生。企业就是一个"由人创造和管理的，而不是由经济力量创造和管理的"组织。为此，德鲁克认为企业的存在本身应该从 3 个层面来理解：它是一个需要为社会和企业所有者创造价值的经济机构；它也是一个为人提供工作机会同时培养他们产生更卓越经济绩效的社会组织；它深植于社会之中，受社会价值观、社会形态影响，但也能改变外部环境。这意味着，企业是通过提供产品和服务的方式来实现多重目标，经济行为、经济制度和经济理性是为实现非经济因素的目标的手段。因此，是顾客决定了企业是什么，企业应该为社会目标服务，利润是企业经济活动的结果而非企业存在的原因。

1954 年，德鲁克提出了一个具有划时代意义的概念——目标管理

（MBO），并在随后的《管理：任务、责任、实践》一书中做了进一步详细阐释。它是德鲁克所发明的最重要、最有影响的概念，并已成为当代管理学的重要组成部分。

德鲁克认为，并不是有了工作才有目标，而是有了目标才能确定每个人的工作，所以企业的使命和任务必须转化为目标。目标管理是以相信人的积极性和能力为基础的，管理者不是简单地依靠行政命令而是运用激励理论，引导下属自己制定工作目标，自主进行自我控制，自觉采取措施完成目标，自动进行自我评价，从而最大限度地激发员工的生产潜能，以提高员工的效率来促进企业总体目标的实现。

与传统管理方式相比，目标管理的优势主要体现在 3 个方面：一是权力责任明确，在前瞻性地制定企业整体目标的基础上，合理制定企业各部门员工的目标，通过明确职责、划清关系，使每个员工的工作直接或间接地同企业总目标联系起来；二是从"社会人"的假设出发，要求管理人员对下级采取信任型的管理措施，强调职工参与以提高他们对总目标的知情度和责任感，实行"自我控制"和"自主管理"，能够较好地调动职工的主动性、积极性和创造性；三是注重结果，效益优先，即不以行动表现为满足，而是以实际成果为目的，工作成果是评定目标完成程度和奖评考核的主要根据。因此，目标管理又称作成果管理。

在德鲁克看来，再高效的组织，如果没有有效率的管理者和员工的支撑，组织的效率也不可能得到实现。因此，德鲁克曾经向中国读者首先推荐的除《管理的实践》外，就是倾注了其极大心血的《卓有成效的管理者》一书。在该书中，德鲁克从管理者的培养和教育角度阐述了有效的管理者应该具备的基本技巧和素质。管理者的成效往往是决定组织工作成效的最关键因素，并不是只有高级管理人员才是管理者，所有负责行动和决策而又有助于提高机构工作效能的人，都应该像管理者一样工作和思考。德鲁克明确提出，一位卓有成效的管理者，一般具有以下 7 个特征：重视目标和绩效，只做正确的事情；一次只做一件事情，并只做最重要的事情；作为一名知识工作者，他知道自己所能做出的贡献；在选用高层管理者时，他注重的是出色的绩效和正直的品格；他知道增进沟通的重要性；他有选择性地搜集所需要的信息；他只做有效的决策。

德鲁克的研究领域涵盖了管理学、政治学和社会学的诸多范畴，这使得他的作品具有宽广的视野和恒久的穿透力。他在管理思想史上第一次对管理的任务做出了高度、抽象和完整的理论概括，将管理与社会价值与人类生活甚至政治发展都结合起来，认为管理不应该只是一些技能的训练，而是一个对人类、对社会和对企业的整体认识。为此，德鲁克将管理者的范畴扩大到了更宽的领域，不仅仅是企业，政府、军队、医院等也都需要管理。而管理者也并不都是经理人，而是泛指知识工作者、经理人员和专业人员。他们可以有众多下属，也可以没有下属，可以职位崇高，也可以职位低微，但是他们必须有一个共同点，就是要在工作中做影响整体绩效和成果的决策，即管理不应该只是一些理论和学术研究，而是能够被用来解决社会和企业所需要解决的问题。

德鲁克的卓越贡献得到了世人的好评。《哈佛商业评论》评价德鲁克说："彼得·德鲁克论述了管理的新范式，即如何改变和如何继续改变我们对管理实践和管理理论的基本认识。《21 世纪的管理挑战》不乏远见卓识和超前思维，它集丰富的知识、广泛的实践经验、深邃的洞察力、精辟的分析和拨云见雾般的常识于一身，这些都是德鲁克著作的精髓和'管理专业的里程碑'。"通用电气前首席执行官杰克·韦尔奇说："全世界的管理者都应该感谢这个人，因为他贡献了毕生的精力，来厘清我们社会中人的角色和组织机构的角色，我认为彼得·德鲁克比任何其他人都更有效地做到了这一点。"微软总裁比尔·盖茨说："在所有的管理学书籍中，德鲁克的著作对我影响最深。"

值得一提的是，德鲁克对中国的改革开放十分关注，他认为中国发展的核心问题，是要培养一批卓有成效的管理者。他们应该懂得如何管理，知道如何去领导企业并促进它的发展，也知道如何去激励员工和让他们的工作卓有成效。迅速培养称职的管理人才和创业者，使他们能与世界顶级强手竞争，显然是中国最需要的，也是中国社会与经济取得成功的关键。他对中国发展的核心问题给出了这样的提示：第一，技术和资本必须通过卓有成效的管理者才能发挥作用和功效；第二，中国发展的核心问题，是要培养一批卓有成效的管理者；第三，管理者不可能依赖进口，只有中国人才能建设中国；第四，目前中国面临的最大需求和面临的最好的机遇，应该说是快速培养卓有成效的管理者；第五，卓有成效是可以学到的，也是必须学到的。

以稻盛和夫为代表的东方管理

稻盛和夫，1932 年出生于日本鹿儿岛市，1955 年毕业于鹿儿岛大学应用化学专业，在 27 岁创办京都陶瓷株式会社（现名"京瓷"）。京瓷成立第一年即实现了盈利，此后的 50 年更是年年盈利，从未有过亏损。52 岁时，稻盛和夫创办 KDDI（日本第二大通信公司）。这两家公司都曾入选《财富》世界 500 强企业，稻盛和夫也被称为日本的"经营之圣"。2010 年，78 岁的稻盛和夫又临危受命，以零薪资、不带一兵一卒接掌日航 CEO 帅印。是什么造就了稻盛和夫的成功和奇迹？他认为只不过是在做任何经营决策时，都依据了"作为人，何为正确"的判断原则罢了。

很多日本企业界人士认为，日本现代企业管理与竞争是建立在中国古典思想的基础之上的。稻盛和夫自幼受中国传统的儒家、佛家、道家思想的影响，他的思想体系具有深厚的东方文化特点，他的经营实践同样具有浓厚的东方特色。他反复提及的"敬天爱人"、"自利利他"、"动机至善、私心了无"主张，都是源自中国古代的智慧宝库。其管理实践具体包括以下五个方面的内容。

第一，以心为本的经营哲学。

稻盛和夫认为人心比完善的制度更加重要，而以人心为本的经营就是要用"利他之心"去经营企业，不只考虑自己的生存，将"动机至善，私心了无"作为自己行动判断的标准，把"作为人，何为正确"作为企业经营的判断基准。这种经营哲学具体可以从如下几点来分析：

一是精神激励。这是一种内在的、无形的激励，包括事业激励、声誉和地位激励、权利激励、升迁和解职激励、道德和情感激励等。精神激励是提高企业竞争力的强大武器，能有效地增强企业的凝聚力，如果一个企业只片面追求利润，没有精神追求和动力，是不可能保持企业的持续稳定发展的。而稻盛和夫的以心为本的经营哲学就体现了对员工的精神激励，通过改变员工的"心"，让员工觉得企业的利益就是自身的利益，才能使员工充分发挥自己的积极性。

二是利他之心。稻盛和夫的利他经营哲学具有丰富的内涵：首先，要抑制利己之心，才能实施以心为本的经营。这里的经营不仅指企业，而且泛指人生、各种事业、国家、国际社会等经营。其次，利他是人生和事业经营的一种投资。许多学者和企业家在研究稻盛和夫利他主义经营哲学时，把它理解为是付出，是奉献，这并不错，但它也是有回报率的，甚至回报率更高。再次，发展利他之心，惠及广阔地区和人类。最后，利他之心使人产生大智慧，视域高远。稻盛和夫之所以有远见，能看到许多人都看不到的远方，关键在于他有一颗纯真的利他之心。

三是将"作为人，何为正确"作为企业经营的判断基准。这是稻盛和夫在京瓷发展初期提出的判断基准，也正因为这一标准，使京瓷从创立以来长达半个世纪中，经营之舵从未偏离正确的方向。它要求任何经营行为不得违反社会的一般道德标准，要符合做人的道理。把人是正确的还是不正确的，是善还是恶作为经营判断基准。并认为，因为经营也是人做的，是以人为对象的一种活动，因此，在经营活动中，什么是该做的事，什么是不该做的事，这种判断不能偏离作为人最基本、最起码的道德规范。人生也好，经营也好，说到底很简单，只要遵守这单纯的原理原则，就不会犯大错误。每个人都应遵守这些规范，把它们作为经营的指针，这样经营就不会迷失方向，并能取得最后的成功。

第二，员工利益第一。

稻盛和夫把追求员工及其家庭的幸福作为公司第一目标，第二目标是为了合作商的员工及其家庭的幸福，第三目标是为了客户，第四目标是为了社区，第五目标才是为了股东。这个目标序列，把员工的发展放在首位，也就是要把追求自由的、极致的整体人放在首位，这是稻盛和夫成功的最大秘诀。

把员工的利益放在第一位，或者说要时刻为员工谋福利是管理者应尽的职责，也是管理员工的基础。现代企业强调以人为本，人是企业唯一能动的要素。欧美企业强调的"股东利益第一"与稻盛和夫的经营观点截然不同。我们应该正视股东利益与员工利益之间的关系，明确股东的利益并不等同于企业的利益，保护股东权益，实质是保护资产的存在和促使其增长，但是不损害股东利益不等于只维护股东的利益，员工的满足感亦是企业发展的动力。只有维护好员工的利益，才能最大限度地激发企业员工内心的共鸣，获取他们对企业长时间、全方位的协助，员工与经营者才能志同道合、心意相通。劳资关系如同大家庭，企业就一定能顺利发展。

第三，以阿米巴经营模式解决大企业病。

在京瓷的规模越来越大时，为了应对控制的困难，稻盛和夫创造了阿米巴经营模式。阿米巴作为一个独立的会计核算单位，是一个拥有明确的志向和目标、持续自主成长的独立组织，可以产生激励员工的动力。它是一种全员参与型的经营体系，每位员工都要充分掌握自己所属的阿米巴组织目标，在各自岗位上为达到目标而不懈努力，从中实现自我。

开展阿米巴经营有3个目的：一是确立与市场挂钩的部门核算制度。以与市场挂钩为核心，形成小经营单位和公司内部购销机制，追求销售额最大化的同时经费最小化；二是培养具有经营者意识的人才。把人才当作企业的核心伙伴，共同经营，他们有较高自由度，更需要经营理念；三是实现全体员工共同参与经营。经营者与员工构筑家庭成员般的人际关系，共同参与经营，化解了劳资对立的"大家族主义"，告诉员工公司实情，用经营理念和信息共享提高员工的经营者意识，使全体员工在工作中感受到人生的意义和成就感。

阿米巴经营模式能够提高员工参与经营的积极性，增强员工的动力，而这些正是京瓷集团优势的根源。另外，阿米巴经营的小集体是一种使效率得到彻底检验的系统；同时，由于责任明确，能够确保各个细节的透明度。

第四，领导者如何修炼心性。

稻盛和夫在选拔人才方面坚持德比才更重要的观点，认为任用人才之时，比能力更重要的是观察他的品格，同时注重提高领导者的人格。

一是德比才更重要的选拔观。有多少人只是盲目地追求有才之人，却忽略了比才重要几十倍甚至几百倍的"德"。只有具备高尚的品德再加上出众的才华，才能成为受人尊敬的真正人才，一个有才无德的人对企业来说是潜在的威胁。大量的事实表明，优秀的人才如果错误地使用了才智，会产生意想不到的严重后果，对企业不利。

二是注重领导者修炼心性。作为一个领导者，其自身的背景、知识、经验、能力、个性、价值观等，都会影响到组织目标的制定、领导方式的确定以及领导工作的效率。提高领导者的人格水准，最大的好处就是有利于提高领导者的实际威望，进而在单位形成权威，使企业的管理更科学、更富有人性。提高领导者的人格水平可以从以下方面做起：首先，提高领导者道德品格修养。一个领导者的思想作风、道德水准是这一领导者人格的具体表现。其次，提高领导者的文化及专业理论知识的修养是优化领导者人格的基础。再次，提高领导者的管理水平和业务能力是优化领导者人格的最终目的。最后，提高领导者的情感修养是"以人为本"的精神手段。

第五，追回丢失的智慧。

稻盛和夫认为，如今的企业乃至整个社会缺乏正确的价值观的引导，普遍过度地追求财富，把国家和个人的目标放在追求物质的富有上，人类变成了欲望的奴隶，人类的心灵变得非常空洞和飘忽，同情心和利他的美德正丧失殆尽，人们丧失了信仰。一个企业乃至社会要求生存和取得持续发展，就必须要秉承一套正确的信念或者价值观，并且恪守不变。一个成功的企业背后必然有优秀的企业文化做支撑，也必须借助企业文化来赢得自身的核心竞争力。而企业价值观是企业文化的核心；重视企业文化建设就必须重视价值观管理。

实施价值观管理，首先，要确立核心价值观并以其为主导形成企业的价值观体系，而稻盛和夫以"作为人，何为正确"这一基准来开展经营工作，这一价值判断标准也是基于他的人生观和世界观的；其次，要把企业家的价值观转化为全体员工的共同价值观，这主要是依靠沟通、教育和培训；最后，企业价值观管理的第三步是建立与共同价值观相匹配的支持系统即管理体系和制度。

在西方管理学大行其道的时候，稻盛和夫选择了一条少有人走的东方之路。他以虔诚之心推崇"敬天人爱"哲学，不仅感染了他的员工，而且对很多企业家也产生了很大的反响，他以自己辉煌的实践，证明了基于人性的东方式管理思想是这个时代最需要的大智慧。自此，稻盛和夫的经营哲学和精神得到广为流传，成为东方乃至世界各国企业家学习的典范。

东西方管理的结合点在哪里

稻盛和夫所代表的日本管理模式，是典型的"天性＋理性"式管理，是两者的完美结合，从而也产生了极高的管理效率和示范效应。那么就中国来说，东西方管理的结合点在哪里呢？事实上，管理模式有其政治、经济、文化等环境的适应性。从中国的实际出发，发扬中国古代优秀的人性及集体精神，汲取西方的制度化、科学化及创新精神，将两者有效结合，才是我们的管理出路。只有取长补短找到适合自己的方法，才是最有效的管理方式。

纯粹地照搬西方企业的管理方式一定行不通。中国企业与西方企业所面对的经营环境完全不同——在中国企业开始市场化的时候，西方企业已开始全球化，管理方式也是针对全球化；在中国企业开始全球化的时候，西方企业则开始面对未来。这说起来令人气馁，却是不争的事实。更重要的是，中国企业面对的市场环境要复杂得多，发展速度又非常之快，这些都是西方企业所没有经历过的。巨大的文化差异和思维方式差异，也使很多西方企业优秀的管理方式被运用到中国企业时得不到预期的效果。

中国的传统文化，必将在中国企业的管理中发挥越来越重要的作用。中国传统文化是中国人习惯和行为选择的依据，我们平常所说的"社会经验"或者"潜规则"，其实就是文化的一种外化表现。从价值层面来判断，中国传统文化中"求和"的思想、"外圣内王"的追求、"大丈夫"的气概，都会对企业管理产生良好的影响。而中国传统文化中的"服从"、"道德自律"等，也会提升企业的管理效率。我曾经研究过中国先锋企业的成长，寻找它们之所以能够领先的原因，结果发现：这些行业领先的企业，在管理方法上不约而同地具有相同特点——中国理念、西方标准。

将源于西方的管理方式与源于中国的管理方式以"太极图"的方式相结合，可以很好地诠释中西方管理的融合。其中阴阳代表中西两方，阳中阴点表示中方的管理方式中吸取了源于西方的管理方式；同样，阴中阳点表示西方的管理方式中也引用了源于中国的管理智慧。"中国理念，西方标准"的关键在于阴阳结合，运转于无穷。可以预见，在未来，越来越多的中国企业会将中国式管理与西方管理进一步融会贯通。

那么，它们该从哪里入手？实质上，中西管理融合的关键在于3个转变：从"以人为本"向"以执行为本"转变；从"领导单独决策"向"员工参与决策"转变；从"职能导向"向"流程导向"转变。

第一，从"以人为本"向"以执行为本"转变。

法治管理侧重"法"，即制度；而人治管理侧重"人"，即情理。西方文化追求自我价值的实现，形成独立的人格，同时强调人不应当轻视自己，而应当追求自身价值与幸福。正因为此，西方社会中人与人之间不形成宗法伦理、等级关系，而是平等基础上的契约。表现在管理上就是规范管理、制度管理和条例管理，特别注重建立规章制度和条例，严格按规则办事，追求制度效益，从而实现管理的有序化和有效化。未来中国企业有必要寻找中、西方的平衡——当管理者试图从注重人的平等关系转向通过管理制度形成的管理环境，实施"移情于法"，企业管理特色就从"以人为本"转到了"以执行为本"。

第二，从"领导单独决策"向"员工参与决策"转变。

在传统概念里，企业的"决策"和"执行"的角色分工是这样的：公司高层管理人员或者仅仅只是老板，常常靠"拍脑袋"决策，而员工在某项公司决策出台之前是毫不知情的，甚至大多数中基层管理人员也被蒙在鼓里。可想而知，在这种传统框架里，"决策"与"执行"必将问题百出。如果员工能参与到决策制定中来，他们就能更加深入地理解决策的内涵，明白决策的重要性，知道自己应在哪些方面为实现该决策贡献自己的力量。当然，在参与决策之前，必须让员工具备足够的判断和审视能力，了解公司的整体经营面貌，分析和使用财务报表和数据等决策依据。这样，才能创造一个全新的公司文化，每位员工都能清晰地看到自己对整体组织的价值贡献，所有成员目标一致，共同努力，才能获取巨大成功。

第三，从"职能导向"向流程导向转变。

流程导向侧重的是目标和时间，以顾客、市场需求为导向，将企业的行为视为一个总流程上的流程集合，对这个集合进行管理和控制，强调全过程的协调及目标化。每件工作都是流程的一部分，它的完成必须满足整个流程的时间要求，时间是整个流程中最重要的标准之一。未来中国的其他企业有必要向先锋企业学习，合理地平衡两者间的利弊。这包括：决定主要流程和支持流程，避免流程太细；以主要流程规范企业的组织架构，建立企业整体流程绩效的管理标准；处于主要流程的各部门，保持职能导向的管理方式，以控制流程再造过程中产生的各种风险；对支持部门进行整合，以降低支持部门的总体管理成本。有的企业通过让员工理解概念，激励每个员工参与流程再造，重视员工的建议等完成这个艰巨的管理方式改变。他们的经验是：企业的高层管理者以身作则，明确地认同新的管理方式，并主动参与推广和执行；创设新的仪式、象征和典故；建立新的评估及赏罚制度；以正式化的、成文的条文，取代非正式化的、不成文的规范，并以员工参与的方式，取得员工的共识。

从大的方面来说，管理思想的融合发展具有必然性，随着经济全球化思潮影响的深入，文明的冲突、交流与合作，成为全球化进程永恒的主体和旋律。不同价值取向的文化间的沟通对话与和谐发展，成为一种必然的趋势。未来管理学发展的主要取向应以东方管理文化为核心，并吸收西方管理文化的科学成果，以丰富管理科学的理论宝库，从而促进东西方管理文化的大融合。就中国而言，其实最善于把握平衡术的企业家就在中国，因为中国是这样一个讲求"人与自然融合"的国家，以中国的管理哲学严谨地实施西方的管理科学，才是中国企业的最佳管理之道。

一切管理模式都不能忽略人

所谓管理模式，是在管理人性假设的基础上设计出的一整套具体的管理理念、管理内容、管理工具、管理程序、管理制度和管理方法论体系，并将其反复运用于企业，使企业在运行过程中自觉加以遵守的管理规则。一切管理模式都不能忽略人，而要想重视人的因素，就必须实施"以人为本"的管理模式，以突出人在管理中的地位，从而实现精益生产。这是因为，精益生产强调人力资源的重要性，把员工的智能和创造力视为企业的宝贵财富和未来发展的原动力；另外，人本管理模式也与中国文化相契合。

精益生产方式在生产制造系统中的人本思想体现在以下 3 个方面：

一是彼此尊重。"这是老板的意思"、"不想做就给我回去"，在许多企业可以听到这样的话，对此这些企业也已习以为常，员工的任务就是不折不扣地按标准作业方法加工产品，至于"为什么这样做？""怎样做更好？"则是领导者的事。在这样的企业里，工人不仅得不到物质上的平等，如工资福利、疗养晋升、工作环境和强度等方面，也得不到精神上的足够尊重，如被认可、受赞赏、参与协商和决策等。这样一方面会造成领导者指责操作人员缺乏责任心，人为缺陷太多；另一方面操作人员在抱怨声中应付着领导的每一个指令。这是造成传统大量生产方式体制僵化的重要原因。

精益生产方式要求把企业的每一位职工放在平等的地位；将雇员看作企业的合伙人，而不是可以随意替换的零件；鼓励职工参与决策，为员工发挥才能创造机会；尊重员工的建议和意见，注重上下级的交流和沟通；领导人员和操作人员彼此尊重、信任。在这样的企业中，员工能充分发挥自己的智能和能力，并能以主人翁的态度完成和改善工作。

二是重视培训。企业的经营能力依赖于组织的活力，而这种活力来自于员工的努力。只有不断提高员工的素质，并为他们提供良好的工作环境和富于挑战性的工作，才能充分发挥他们各自的能力。精益生产的成功同样依赖于高素质的技术人才和管理人才。它要求员工不仅掌握操作技能，而且具备分析问题和解决问题的能力，从而使生产过程中的问题得到及时的发现和解决。因此，精益生产重视对职工的培训，以挖掘他们的潜力。

轮岗培训和一专多能培训是提高人员素质以满足精益生产需要的有效方法，前者主要适用于领导和后备领导，后者主要适用于操作人员。通过轮岗培训，使受训者丰富技术知识，提高管理能力，掌握公司业务和管理的全貌；同时可以培养他们的协作精神和系统观念，使他们明确系统的各部分在整体运行和发展中的作用和弱点，从而在解决具体问题的时候，能够自觉地从整体观念出发，找到改进的方案。一专多能的目的是扩大操作人员的工作范围，提高他们的工时利用率，同时提高操作的灵活性，为实现小组工作法创造条件。

三是共同协作。传统的管理思想认为，效率来自于明确的分工和严格按标准方法工作。这种思想的确为大量生产方式带来了许多好处，但同时也束缚了员工的智慧和创造力。使操作人员如同机器一样地工作，缺乏合作意识和灵活应变能力；使组织和个人的能力不能完全发挥，从而使企业僵化、保守，丧失创新的动力。

精益生产则要求职工在明确企业发展目标的前提下加强相互间的协作，而具体的工作内容和划分是相对模糊的。协作的范围涉及操作人员之间，也涉及部门和部门、领导人员和操作人员之间。这种协作打破了原有的组织障碍，通过相互交流和合作解决跨部门、跨层次的问题，减少扯皮现象，消除彼此的指责和抱怨，在相互理解的前提下共同完成企业目标。常用的方法有项目管理和小组工作法等，前者多用于跨部门间的协作，而后者一般应用于团队内部。

如何进行有效的人本管理呢？在实际的管理中，管理者可以从以下6个方面入手：

一是激发员工的使命感。拥有使命感的员工也许是最具能动性的员工，而激发员工的使命感，首先要让员工融入企业，给员工以归属感，让员工认可企业的目标并且愿意为之奋斗。员工应该明确企业的愿景目标，并且要委以重任，这也是激发员工使命感的基础工作。

二是绩效、薪金与福利待遇。绩效的评估方式有许多，比如 KPI、BSC、EVA 等，管理者必须明确自身的情况，并且要根据自身情况来制定相应的绩效评估系统。在发放薪金中有 3 个非常重要的问题：什么时候发？给多少？以什么理由给？这 3 个问题管理者一定要搞清楚，这样才能让薪金达到最好的效果。当然，除了薪金还有福利待遇。国家规定的那些保险和休假等福利，在我看来都是不能少的，这都是不需要讨论的。另外，在福利方面管理者也应该扩宽思路，比如节日慰问以及弹性工作制等，只有尽可能地为员工谋福利，员工也才能尽心地去工作。

三是招聘与晋升。招聘有多种方式，比如说网络招聘、人才市场招聘，还有内部员工推荐等。员工晋级必须通过选举，颁发荣誉必须通过评选，并且选举和评选都必须是全体员工都参与的，信奉"人人都是管理者"的信条，做到公平、公正、公开。

四是建设学习型组织。无处不在的培训，每个员工都可以接受培训，并且为每一名员工都建立详细的培训档案。通过细致、系统地培训，要让每一名员工都可以不断地提高，并且还要让他们保持学习的习惯。一家上下都在学习的企业，一定能够跟得上时代发展的脚步。

五是有效沟通。企业内部应该有一个保持通畅的交流沟通系统，管理者要让员工能说出也有地方说出自己的想法。沟通的方式有许多，比如 BBS、工作午餐会、内刊等，在内部论坛里，坚持匿名发言、永不删帖的原则。企业应该给员工创造畅所欲言的环境，这也是帮助企业及时发现问题的关键。

　　六是职业规划。应该说，每个人都是想发展的，作为企业来说，更应该乐于看到员工的这种发展性，并且要努力去帮助员工去发展，帮助他们去规划自己的职业前途，要知道，只有员工们不断地提高，企业也才能跟着水涨船高。

　　总之，人本管理有重要价值，它扬弃了传统管理的以人为手段的理念，确立了以人为中心的合理定位，指明了实现精益生产的哲学境界。

第八章　零缺陷的精益管理之道

　　企业的精益氛围愈浓，精益管理愈深，精益成效愈显。在构建具有中国特色的精益管理模式上，企业需要进行积极的探索和实践。其零缺陷的精益管理之道，主要有过程管理、注重体现人本精神的"我愿意"的动力、根治生产和管理各个环节的浪费现象、用心生产和经营、追求全过程的尽善尽美，以及从点滴细节和环节做起的"九层之台，起于垒土"思想。建立"全业务、全过程、全环节"的精益管理成效评价制度，将其成果作为企业软资源管好、用好，通过动态评价与更新制度促进精益管理项目质量不断提高，通过运行机制的落实抓实促进精益改进的持续提升。

　　精益管理是一项全员参与性很强的工作，如何在纷繁复杂的日常工作中凸显精益管理的重要性，吸引更多的干部职工投身精益管理实践，其方法是要把导入精益理念作为立足点。领导层应该成为导入精益理念的主要推动者，领导重视是精益管理成功推行的关键所在。全体员工也应该成为实践精益理念的主要参与者。群众的智慧是无穷的，全员参与是精益管理始终保持旺盛生命力的决定性因素。为此，要充分调动广大员工的积极性，使其成为探索与实践精益管理的主要参与者。宣传舆论阵地也有积极作用，能够成为营造精益氛围的主要载体，为推进精益工作营造良好的氛围。

　　"零缺陷的精益管理之道"是做人做事的准则，在克劳士比质量管理哲学的参照下，在东方文化魅力的引导下，如果每位员工把"一次就把事情做对"当作工作准则，抱着把工作当作事业的态度，生产符合要求的产品；各个部门之间，上下级之间沟通顺畅，每个团体和个人都是有用的和可信赖的，那么现实存在的问题就能够得到根本性解决，一切负面评价也会烟消云散，而我们的制造企业就一定会成为世界一流企业！

所有的工作都是一个过程

所有的工作都是一个过程，就是强调过程管理。事实上，企业要真正做好零缺陷所要求的"第一次"，还需要做很多相关的工作，比如工作的过程、工作的结果等。具体来说，首先，我们必须在工作中输入人力、信息、材料、装置、设备、知识、程序以及工作标准；其次，我们在活动阶段要制定工作的步骤，进行必要的操作活动；再次，我们要输出产品和服务；最后，检验和改进。

精益生产方式主张全员参与，因此，过程管理对员工来说，可以采用零缺陷所强调的过程控制，它要求第一次就把事情做正确，使产品符合对顾客的承诺要求。比如，每个环节每个层面都必须建立管理制度和规范，按规定程序实施管理，责任落实到位，不允许存在失控的漏洞；每个环节每个层面都必须有对产品或工作差错的事先防范和事中修正的措施，保证差错不延续并提前消除，等等。员工的过程控制关键要做到以下两点：

一是杜绝跨位，即限制作业影响到他人的限位装置。在传送链形成的流水线上，每个员工都要在设定的节拍下、在自己的工作区域内完成工作，当因为品质不良、作业延误而无法完成本道工序的工作时，员工往往跨出自己的区域，以完成本道工序。这种跨位像"多米诺骨牌"，在很短的时间内将波及整条生产线的正常工作，造成工作的延误和品质不良。为了杜绝跨位现象的发生，可以设置简单的装置解决此问题，例如，将使用的工具悬挂在操作工位上方，同时将悬挂线的长度设定为工人操作范围可以达到的地方，这样，当工人出现跨区域的工作时，工具悬挂线的长度将限制工人的范围，从而强制工人在节拍内完成工作。当然，未完成本道工序的产品是不可以传到下道工序的，因此，在作业区域的边缘设定生产线停止按钮，一旦在节拍内无法完成工作，工人可以通过按钮将生产线停止，这样，管理者会快速发现异常，从而制定措施，防止再发生。

二是防止不合格加工的动作。前道工序出现的不良品继续在本道工序加工，只能造成重复浪费，并影响最终产品的品质。为了发现前道工序的不良，可以采用接触式的防错系统。根据前道工序工件的品质特性，在本道工序的加工台上用限位开关设定工件的大小和形状特性，一旦前道工序工件出现品质不良，将无法触动所有的限位开关，从而使本道工序设备无法启动，防止不良品继续加工。

对管理者来说，其工作内容包括过程策划、过程实施、过程监测（检查）和过程改进（处置）4 个部分。管理工具可以使用 PDCA 循环，又叫质量环，它是管理学中的一个通用模型，最早由休哈特于 1930 年构想，后来被美国质量管理专家戴明博士在 1950 年再度挖掘出来，并加以广泛宣传和运用于持续改善产品质量的过程。PDCA 即英文 Plan（计划）、Do（执行）、Check（检查）、Act（修正）的缩写，这 4 个阶段正好对应了上述的 4 部分过程管理内容。

过程策划（P）：从过程类别出发，识别组织的价值创造过程和支持过程，从中确定主要价值创造过程和关键支持过程，并明确过程输出的对象，即过程的顾客和其他相关方；确定过程顾客和其他相关方的要求，建立可测量的过程绩效目标（即过程质量要求）；基于过程要求，融合新技术和所获得的信息，进行过程设计或重新设计。

过程实施（D）：使过程人员熟悉过程设计，并严格遵循设计要求，实施时根据内外部环境、因素的变化和来自顾客、供方等的信息，在过程设计的柔性范围内对过程进行及时调整，根据过程监测所得到的信息对过程进行控制，例如应用SPC（统计过程控制）控制过程输出（产品）的关键特性，使过程稳定受控并具有足够的过程能力，根据过程改进的成果，实施改进后的过程。

过程监测（C）：过程监测包括过程实施中和实施后的监测，旨在检查过程实施是否遵循过程设计，达成过程绩效目标；过程监测可包括产品设计过程中的评审、验证和确认，生产过程中的过程检验和试验，等等。

过程改进（A）：分为两大类，一类是"突破性改进"，是对现有过程的重大变更或用全新的过程来取代现有过程（即创新）；另一类是"渐进性改进"，是对现有过程进行的持续性改进，是集腋成裘式的改进。

中国成长型企业结合自身的管理实践，把PDCA简化为"4Y"管理模式，让这一经典理论得到了新的发展。所谓"4Y"，即Y1表示计划到位、Y2表示责任到位、Y3表示检查到位、Y4激励到位。

计划到位：好的结果来自于充分的事前准备和有效的协同配合。

责任到位：计划的完成需要行动的支撑，责任到位才会有真正的行动，中国成长型企业普遍存在指令不清、责任不明的状况，所以责任要到位。

检查到位：人们不会做你期望的，只会做你监督和检查的，检查要到位。

激励到位：有反馈必有激励，好报才会有好人，所以激励要到位。

4Y强调结果导向，因为结果决定着企业的有效产出。

在PDCA循环中，一个循环完了，解决了一部分的问题，可能还有其他问题尚未解决，或者又出现了新的问题，再进行下一次循环。PDCA循环的4个阶段——"策划、实施、检查、改进"的管理模式，体现着科学认识论的一种具体管理手段和一套科学的工作程序。PDCA管理模式的应用对我们提高日常工作的效率有很大的益处,它不仅在质量管理工作中可以运用,同样也适合于其他各项管理工作。

总之,过程管理方法具有与传统管理方法不同的哲理,其基本思想是:从"横向"视角将任务或工作内容沿纵向细分为若干个前后相连的工作单元,然后进行分析、改进、优化整合。由此看来,正所谓"所有的工作都是一个过程",这是"零缺陷"的升华,是零缺陷的精益管理之道!

中国人的生产力是"我愿意"

不要以为"我愿意"只用在婚礼上表达"执子之手,与子偕老"的浪漫。事实上,在企业经营管理和日常工作中,"我愿意"同样重要。没有意愿是做不成事的。只有把5%的可能性变成100%的现实性,拼命也要完成任务,一个组织才可能从平庸走向优秀最终走向卓越。"我愿意"就是生产力!

日本"经营之圣"稻盛和夫说:"除了拼命工作之外,世界上不存在更高明的经营诀窍。我27岁的时候,成立了京瓷公司,对经营一窍不通,但我心里只有一个念头,就是不能让公司倒闭。为此,我拼命地工作,常常从清晨工作到深夜12点,甚至1点、2点,我就这样夜以继日地工作,付出不懈的努力。"中国著名实业家、慈善家李嘉诚也曾经说过:"我17岁就开始做推销员,更加体会到挣钱的不容易、生活的艰辛。人家做8个小时,我就做16个小时。"

"我愿意"是一种发自内心的动力,体现了"以人为本"的核心内涵。什么是本?本心、本性、本事、本领,合起来就是"我愿意"。我愿意,生产力就高；我不愿意，生产力就低。愿意与不愿意，也就是用心不用心。管理是一门艺术，管理者能让员工发自内心地愿意为公司付出努力，这才是管理的最高境界。

当今社会对"管理"一词的解释有好多种，其实"管"和"理"是两回事，管是管人，理是理人，企业管理者不要老是管人，也要理人。试问我们哪个人喜欢被人管？我们每一个人都喜欢被别人理，人性就是这样，作为管理人员就应该很好地利用这一点。《孙子兵法·军争篇》中所说的"四治"可以解决管理工作中存在的好多问题。

"四治"即治心、治力、治变、治气。用现代管理者的眼光去看"四治"，其中奥妙无穷无尽。

所谓治心，就是以关心至上为原则，要明白治心是关怀导向，而不是工作导向的道理。在西方管理学中，管理主要以管人为主，管人就是管其手脚，管手脚就要制定标准，这样人就会产生压力，从而使生产力下降。所以我们对待员工要抓心，抓心就是关心但还需要交心，一个交心的人对你有着全力以赴的向心，有了向心就会自然产生向心力，有了向心力员工就会同心，就会一条心，就会意志集中，组织就会协同一致，朝一个目标去奋斗。在管理工作中不仅要重视团队还要重视个人，以个人带动团队，动员大家，比单打独斗更重要。一个管理者情绪要稳定，凡事谋定而后动，这就叫治心。

所谓治力，就是凡是员工能做的自己不要去做，员工能说的自己不要去说，员工能想的自己不要去想，要隐蔽自己的想法，让员工去想、去说，在管理工作中要以员工为主而不是以自己为主。领导只是启发，而不能用力。这样就给自己的员工留了更多的空间去发挥潜力。作为一个管理者在日常管理过程中不要给自己的员工过多的压力，压力越大，反弹就会越大，它们的关系是成正比的，制度和标准对中国人没有太大效果，对中国人来说，生产力就是"我愿意",所以应该让员工自己产生压力,这才是上策。

所谓治变,其实就是说领导不能说变就变,除非在非变不可的时候,才要变,管理者长期的变化会使员工感到反感,进而会造成员工对管理者反感,从而形成了上下级之间沟通的阻碍,相关信息也就不会及时准确传递,违背了信息化时代的信息化原理。作为管理者动机要纯正,用一些新的花样去管理,目的是为了更好地去管理自己的团队,而不是整人。《孙子兵法》一书中说:"势者,因利而制也。"所以我们在日常管理工作中要学会造势,要多利用势,少利用权力,不要和员工正面冲突,当自己立场站稳时,就要出其不意,造成情势,这样才可以引导员工变动,因为形势总会比人强。

所谓治气,就是要测试对方的情绪,在员工情绪好的时候,与他谈一些事情就会感到很顺利,而员工情绪起伏不定时,就不能有什么话说什么话,而应根据对方的情绪采取不同的做法,有时候要学会回避,当管理者最重要的就是情绪稳定,自我管理的第一步就是从管理好自己的情绪开始的。和上级意见不合时走为上策,避而不见,让他冷静地去处理。自己员工的士气一直高昂并不是好事,对员工的激励不能过分,物极必反的道理是需要我们去注意的。

作为管理者在管理的过程中,除了"四治"以外,自治也是不能忽视的,时代在不断地变化,人也在不断地变化,在新型的企业管理中我们还要不断地学习,不断地去琢磨管理的技巧和方法,以适应新时代、新时期企业管理的需求。

总之,以中国为代表的东方管理哲学在很大程度上解决的是"愿不愿、想不想"的问题,是如何激发员工"心愿"的问题。努力营造一个人尽其才的良好氛围,让大家都很乐意用心做事,企业就成功了!

治理浪费的目标是没有浪费

许多制造企业考虑到了精益的发展战略，精益生产方式既是一种以最大限度地减少企业生产所占用的资源、降低企业管理和运营成本为主要目标的生产方式，又是一种理念、一种文化，是支撑个人与企业生命的一种精神力量。浪费所增加的是企业的成本、时间、效率及效益，精益生产就是治理生产线各个环节上的浪费，实现没有浪费的零浪费目标。

事实上，企业中的浪费严格意义上讲包括两个方面，一是生产现场的浪费现象，二是管理中的浪费现象。精益生产的终极目标是"零浪费"，实现这个目标，我们需要从生产一线和管理过程两个方面双管齐下。

我们来看看丰田生产方式中所归纳的主要发生在生产现场的"七种浪费"与治理对策。

一是等待的浪费。等待就是等下一个动作的来临，如入库等待、加工等待、运输等待等，这种浪费是毋庸置疑的。等待浪费的现象与治理对策见表8－1。

表8－1 等待浪费的现象与治理对策

现象	对策
验收等待	为正式入库而进行的等待，采购件、外协件都会发生这种情况。对策是根据相关供应商的物料需求不同，将入库工作日程表化，来料检验及入库手续流水化
检查等待	接收检验造成的等待。对策是将交货日程表化、废除批检、将检查工作同步化
搬运等待	对策是采用直接在生产现场接收来料的方法，减少搬运

现象	对策
入库等待	为了入库而进行的等待。将产品放到仓库里本身就是浪费
出库等待	从产品找出到出库的等待。需要实行 JIT 的配送方式
加工等待	工程能力不平衡,采用大型集中设备等没有流动的工厂里多会出现这种情况
批次等待	一个批次加工造成的后工序等待。批次越大等待时间越长
作业等待	作业员到来之前的等待。废除批量作业及培养多能工,合理安排自由岗位员工
准备等待	品种切换造成的等待。需要将准备工作细化改善或将准备工作简化
维修等待	机械故障到修好这段时间的等待。需要实现零故障的生产维护
外发等待	外发加工品的准备、发单处理的等待。不要总是委托外厂加工,要实行公司内部制造
返修等待	不良品返修造成的等待。进行问题源流的改善,消除不良及实行防待防错改善
出货等待	产品出货前的等待。需要按客户需求节拍进行生产,导入接单生产、均衡化生产及拉动生产系统

二是搬运的浪费。精益生产认为,浪费是万恶之源。但不少企业对生产现场存在的搬运浪费往往视而不见或束手无策。搬运不产生任何价值,消除搬运浪费也绝非盲目地减少搬运次数,生产现场需要一双识别浪费的眼睛,将每一处浪费都识别出来,结合生产现状加以改善。消除搬运浪费的对策见表 8 - 2。

表 8 - 2 消除搬运浪费的对策

对策	实施
遵循机动性原则	一定要重视装卸摆放和放置方法上的改善,也就是使得物料或产品摆放整齐有序,在箱子里或在小推车上,或者物品放在托板上,托板下有枕木,铲车随时可以搬运,保持随时可以搬运的状态。而不是散落一地,毫无规律
遵循自动化原则	如重力移动法、使用输送带、车辆、机器人等来搬运,同时一定要提高贵重机械的利用率

对策	实施
尽量集中搬运	避免等待和空搬，尽量集中搬运的作业原则。因为，空搬和等待会产生时间和能力的双重浪费。所以，每位员工的工作量应该平均，充分利用搬运设备，减少停止与搁置，要求团队合作，紧密配合，按照车辆时刻表备货
缩短移动路径	将搬运的路径最短化是现场作业应该着重研究的问题。合理缩短工序之间的距离，避免走逆道和弯道，同时减少搬运的中转站。必要时，使用一些特殊手段，方便货物的移动。比如拆门，拆墙，拆房，搭桥，等等

　　三是不良品的浪费。产生不良品可以概括为 4 个方面的因素：人为操作失误（如折弯过程出错、冲床加工出错、图纸转化出错等）；设备、工具不稳定（如设备故障、喷塑过程坠落等）；不按照标准作业（如非标产品加工成标准等）；材料本身不合格等其他因素。事实上，产生不良品的主要因素不在于这些因素的本身，而是这些因素没有得到及时的分析、对待，是对这些因素的态度"不良"，即事故发生后没有制定和实施有效的改进措施。消除不良品的浪费的对策见表 8 – 3。

表 8 – 3　消除不良品的浪费的对策

对策	实施
转变态度	不良品的管理流程是生产车间报验产品、质保部门开《不合格品评审处理单》、财务部同意补料申请、物流部下料、车间返工，最后就是不合格品入废料库待统一处理（报废）。对产生不合格品的具体原因没有任何分析，当然也就没有具体的改进措施。作业者也习以为常，认为事故是不可避免的，同样的错误就难免再次发生。所以，当不合格品产生后，要求具体作业者或技术工艺人员进行逐项分析，不断提高员工的辨别能力，转变其对不良品的态度

续表

对策	实施
工艺分析	很多不良品的产生原因，除了操作者的主观原因外，都可归结为工艺改进问题。比如剪板作业，工作台上的导轨很多时候要根据不同板材的要求来调节高度，而作业者的办法就是通过在导轨下面垫上其他物品使其升高，不需要时再取出。既不方便也没有精度，既不安全也无效率（目前正在整改），很难保证不产生不良品或其他事故，所以，品质水平不能仅仅依赖于作业者的工作态度，各种设备的防错装置的设置、在制品搬移方法、搬移线路的合理制定都很重要。所以，工艺人员应该根据不良品产生的情况对相关的工艺进行分析、改进，不断优化
作业标准化	目前，在制品的放置没有一个合理的标准，比如产品堆放的高度，在静止状态都不会牢固，何谈保证在搬运的过程中不会发生磕碰、挤压而产生不良品？所以，各项作业的标准化是消除不良品的根本方法。一要制定具体作业标准，二要作业者严格执行作业标准，不断规律化、规范化。使生产作业在规则和平稳的状况下运行

四是动作的浪费。这种现象在很多企业的生产线中都存在，常见的动作浪费主要有两手空闲、单手空闲、作业动作突然停止、作业动作过大、左右手交换、步行过多、转身的角度太大，移动中变换"状态"、不明技巧、伸背动作、弯腰动作以及重复动作和不必要的动作等，这些动作的浪费造成了时间和体力上的不必要消耗。消除动作的浪费的对策见表8-4。

表8-4 消除动作的浪费的对策

对策	实施
缩短距离	具体地说，就是把零部件放在手能够拿到的地方，这可能有点困难。为此，工作台要做成弧形，零部件要放在垂手可拿的位置
两手同时使用	一只手辅助另外一只手工作是不能被称作"同时使用"的。这时，首先需要研发出用一只手就能进行组装的夹具。其次再双管齐下，就可以用两只手同时做两样东西。假如在25厘米的距离之内两手可以同时对称并灵活使用的话，就会是单手工作效率的两倍。并且这样一来，作业就会有条不紊地进行，工作也会变得容易起来

对策	实施
减少多余的动作	除了临时放置、倒换左右手等显而易见的动作浪费之外，如过分谨慎地变换方向、目不转睛地查看、担心疏漏而过分操心等也属于动作的浪费现象。要以一种想方设法地让作业人员能够更加轻松地工作的心态来观察、改善作业环境
轻松工作	在作业方面有没有难受的姿势？有没有使工作节奏杂乱无章的因素？要以这种态度来帮助员工完成工作

五是加工的浪费。品质是一把"双刃剑"，如果要保持最高品质，那就要不断提升质量要求，但如果要消除浪费那就要去除那些没有必要的加工工序以及加工动作，因此在不同的时刻要有不同的思考。我们可以用 ECRS 方法去除"过度加工"。ECRS 方法的实施细则见表 8-5。

表 8-5　ECRS 方法的实施细则

方法	实施细则
E（Eliminate）消除	首先我们要去思考该道工序是否可以消除，消除之后是否会对生产以及品质有所影响？如果没有影响为何不可去除？去除之后影响会有多大？在做每一道工序的时候都要问自己这道工序的加工是为了什么，是为了客户需求还是为了自己需要？去除是一件很难推动的事情，一道制程的消除会遇到各种各样的问题，但我们也会看到另外一些不同的地方，如果取消这道制程的话，会有怎样的问题产生？我们有没有解决的方法？解决后是会增加成本还是减少成本？如果我们能够每天都这样问自己，就没有什么解决不了的问题。取消一道制程并不难，难的是我们如何打破常规的思维方式
C（Combine）合并	合并的逻辑在于，当两道制程工作项类似、作用相同的时候，能否变更为一道制程。比如打磨与抛光，能否在打磨的同时就已经抛光结束，避免进入下一道制程？合并的另一个作用就是减少作业人员，当两道制程合并为一道制程的时候，必然会减少一部分的作业人员，这个时候作业人员的工作就会变化，生产流程会更加紧密，不良产出有可能因为制程的合并而变。合并的目的是要减少制程站点，减少文件的数量，让大家可以通过一道制程生产产品，通过一份文件来阅读所有的相关内容，如果相关内容丰富的话，既节约了大家的查找时间，也节约了大量的阅读时间

续表

方法	实施细则
R（Rearrange）重排	重排也称为替换，就是通过改变工作程序，比如先后顺序重新组合，以达到改善工作的目的。例如，前后工序的对换、手的动作改换为脚的动作、生产现场机器设备位置的调整等。重排之后我们会发现，其实很多工序在重新排列之后会变得没有意义，甚至被取消掉，这就是重排的目的
S（Simplify）简化	经过取消、合并、重组之后，再对该项工作做进一步更深入的分析研究，使现行方法尽量简化，以最大限度地缩短作业时间，提高工作效率。简化就是一种工序的改善，也是局部范围的省略，整个范围的省略也就是取消。其实简化还有一个很重要的目的就是针对客户的真正需求进行简化，因为我们非常多的加工实际上都是客户不需要的

六是库存的浪费。精益生产方式认为"库存是万恶之源"。这是丰田对浪费的见解与传统见解最大不同的地方，也是丰田能带给企业很大利益的原动力。消除库存浪费的对策见表 8 – 6。

表 8 – 6　消除库存的浪费的对策

对策	实施
摸清库存情况	要对配送中心半年内的仓储数据进行详细的梳理和统计，掌握每个月的库存数量、库存结构、品牌型号、资金占用数额，特别是畅销品牌、一般品牌、滞销品牌在总库存中的比重、重点品牌的存销比等信息，从中找出库存的变化特点，分析在库存数量和结构上存在哪些问题，造成这些问题的原因是什么，有哪些可以改进的空间
制定控制目标	掌握了库存的基本信息后，要结合本单位的管理现状，找出挖潜增效的关键环节，参照行业的先进单位的标准，科学合理地设定各项改进目标，例如库存数量和结构的调整水平、改进后的产品存销比、压缩的费用开支等指标
加强需求预测	做好销售预测是优化库存的重要基础，要运用定性与定量的方法，根据客户经理走访市场掌握的信息，以及以往的产品销售记录，结合产品销售任务，建立销售预测模型，对各类型产品需求量进行科学预测，并在实践中不断修正，提高预测准确性

对策	实施
优化库存结构	一是与销售部门充分沟通，定时检验产品的库存、销售和盈利三者比重，科学分析过去一段时间内（如一季度或者半年）每种产品销售量走势、利润贡献以及产品生命周期；二是优化库存结构，明确优势销售产品、保留产品、退出产品的品种和型号，确定各类产品的最优库存数量，制定退出市场产品的时间表与工作任务，压缩库存品类，优化产品结构；三是精心组织实施，明确配送、销售部门的责任分工，科学制定工作计划，及时评估并调整工作进度，解决优化库存与保障产品销售之间存在的矛盾和问题
设置安全库存	一定的、合理的库存是企业正常生产经营的保障，如果库存水平过低，就有可能造成缺货现象。因此，要合理设定各品牌产品的安全库存水平，一是依据一段时期内的出库量，估算各品牌产品的需求变化范围；二是统计送货时间与准时到达率，依据库存及销售情况，确定最佳采购时间节点，控制进货次数和数量；三是优化配送工作流程，缩短送货时间，加快产品周转；在以上工作的基础上，还要通过持续改进，逐步降低安全库存量，达到最佳的库存水平

七是制造过多或提早的浪费。上面提到库存是万恶之源，而制造过多或提早完成，在丰田则被视为最大的浪费。精益生产方式所强调的是"适时生产"，也就是在必要的时候，做出必要数量的必要东西。此外都属于浪费。制造过早同样也是浪费，但为什么有很多工厂会一而再地过多与过早制造呢？最大的原因在于他们不明白这是一种浪费，反而以为多做能提高效率，提早做好能减少产能损失，显然这是一种极大的误解。消除制造过多或提早的浪费的对策见表8-7。

表8-7　消除制造过多或提早的浪费的对策

对策	实施
建立生产系统	建立以顾客为中心的弹性生产系统，也就是说，只有客户下单有需求才进行生产，不要盲目生产也不要为了设备的稼动率与大批量的效率来生产，可以建立部分安全库存，但不是无限制地建立库存

费严重得多，但是解决起来也困难得多，需要对经营管理革新活动的艰巨性和长期性有清醒的认识，要有打持久战的心理准备。但是，管理工作中的浪费一旦在某种程度上被消除，则可能会出现几何级数的放大效应。因此，我们要鼓足勇气，从消除点滴浪费的管理做起，向着经营管理革新的目标一步一步坚定不移地走下去。

上面所提到的浪费问题仅是"冰山的一角"，大量的问题隐藏在水面之下，因此，我们对它了解得越多，将来获得的利益也越多。浪费是横亘在我们面前的敌人。敌人就是敌人，一定要想尽办法消灭它！要知道，消灭它的同时，精益生产的终极目标就实现了，利益就产生了。

口碑源自于全方位的用心

精益思想要求以自己的细心、用心，尽可能使事情的完成达到最好的效果。无论做什么事情，都要认真细致，精益求精，不能马马虎虎，这样才能赢得口碑。

某企业斥巨资进口了先进的设备，但这台设备突然停机，所有人毫无办法，只有干等。请来了国外工程师后，工程师看了看之后，一个榔头敲下去，怪了，设备运行起来了，好了！可是这一敲却敲去了企业200万美元。老板纳闷了，你这么简单地一敲就值200万美元？工程师笑答："这一敲看起来很简单，您也会敲，但我敲和您敲唯一的区别就是我知道敲哪里管用！中医捏拿也是一样，医生知道穴位，而我们不知道。"

"用心"是一门学问，不同的对象需要不同的用心技巧，用心看清楚了，才能感叹庐山真面貌，用心与不用心往往有不同的结果。

很多人说精益生产是"反常识"，而"常识"是设备需要充分运转，每个人在各自岗位上需要争分夺秒，把效率发挥最大，否则就是大大的浪费。当建议大家只需要按照顾客的需求来生产、刚好即可时，遭来的是大部分员工的不理解、反对。这真是"常识"与"反常识"的较量吗？不是的。

很多人都有在家煮饭的经历，电饭煲有大有小，家庭成员有多有少，而在煮饭前一般都会用心衡量一下：有多少人，大概需要煮多少饭，而很少是根据电饭煲的大小容量来煮饭的。测个人饭量是一件很难的事情，但大家还是尽量这样做。对于企业来说，客户的需求比人的饭量更准确，但员工喜欢按照设备的能力来生产，为什么？是因为"常识"吗？显然不是。

所谓"常识"，就是一直以来都是这么做的，以至于形成了习惯甚至是条件反射，所以大批量生产成为了"常识"，效率最大化成为了"常识"。但"常识"会不会变化呢？就煮饭而言，也并不是一成不变的。计划经济时代，人们也是大批量地"煮饭"，可以供很多人吃，可以吃好几餐，因为这样比较省事，比较节约时间，比较节约成本，而那时的要求只要能吃饱就已经很满足了。市场经济时代，比吃饭更重要的是美味、可口，所以有了新的方式，而新的方式很快就成为了一种"常识"。熟悉这个常识，不用心根本不行！

煮饭是生活琐事，一个企业的经营比一个家庭煮饭的事要大得多，企业流程比一顿饭复杂很多。员工要用心，清楚今天的效率怎么样，今天的收入怎么样；主管要用心，清楚自己的部门有哪些难点；老板要用心，清楚整个企业的未来。不用心，所有人就都会看不清、道不明，明明知道痛，但不知道是哪里痛，好像全身都痛，想要改、想要治，难！难在不知道从何处下手，不知道下手得对不对，总之难在没有用心。

用心，就需要更多的时间，更深入地调查；用心，可以发现系统性的问题、问题背后的问题及问题之间的关联；用心，可以找到"蜘蛛网"一样的问题链的突破口；用心，可以优化生产流程和管理，以及它们之中的各个环节，提高效率、保证质量，从而赢得口碑。用心，是企业经营的精神基座。

总之，口碑源自于全方位的用心，无论员工还是老板，这一点不可不知，不可不做！无论你处于什么位置，无论你从事什么职业，只要你用心、细心，让自己朝着"精益"的方向努力，就会做得出色，这样才会使自己无怨无悔，也会为企业赢得口碑。

追求全过程的尽善尽美

精益生产方式与大量生产方式在思维方法上的根本差别在于对企业经营目标无止境和尽善尽美的追求，这是精益生产方式优于大量生产方式的精神动力。大量生产厂家、企业为自己建立了一个有限的目的，他们可以容忍一定的废品率、最大限度的库存，系列范围很窄的标准产品等，认为提高要求，其投入产出比在经济上是不划算的。而精益生产厂家则把目标确定在尽善尽美上，如低成本、无废品、零库存和产品多种多样等，通过持续改进，其结果必然是价值流动速度显著地加快，这样就必须不断地用价值流分析方法找出更隐藏的浪费，做进一步的改进。这样的良性循环成为趋于尽善尽美的过程。

精益生产创立者、美国麻省理工学院全职研究员詹姆斯·P. 沃麦克反复地阐述了精益制造的目标是："通过尽善尽美的价值创造过程（包括设计、制造和对产品或服务整个生命周期的支持）为用户提供尽善尽美的价值。"当然，没有一个生产厂家曾经达到"尽善尽美"的理想境地，所以，要造就一个永远充满活力、不断进步的企业。

追求尽善尽美最重要的是驱动力。精益思想以"定义价值"作为关键出发点，"正确地确定价值就是以客户的观点来确定企业从设计、生产到交付的全部过程，实现客户需求的最大满足"。从"以客户的观点定义价值"出发，企业的一切活动都是由客户驱动，由此进一步导出精益思想的其他重要原则：检视从原材料到成品或服务的整个过程以发现不创造价值的流程或动作；随后让保留下来的动作不间断地流动起来，避免因制品的停滞和等待造成浪费；不仅如此，为了减少库存的浪费，只能通过后一道工序拉动前一道工序来进行；最终在不断的改善中追求尽善尽美。

在精益系统中的每个人，从分包商、第一层供应商、组装厂、批发商、用户到员工，都可以看到所有的事，因而易于发现创造价值的较好方法。而且，员工做出的改进几乎立刻就可以得到积极的反馈。这正是精益工作的关键特征，也是对不断努力寻求改进的强有力促动。当员工开始从产品开发、接单和生产流程中能够得到及时的反馈，能够看到顾客满意时，传统管理中大部分的"胡萝卜加大棒"的方法也就不必要了。

管理者通常认为，要做得更好、尽善尽美，就会超出现有的条件和能力范围，就要花费更多的钱，在经济上是不合算的。其实这是一种短视。精益化管理是将目标定在尽善尽美，追求零库存、无废品、低成本、高效率及良好的人际氛围上，而这是一个持续不断的过程。

精益管理方式认为，一个充满库存的生产系统，会掩盖系统中存在的各种问题。例如，设备故障造成停机，工作质量造成废品，横向扯皮造成工期延误，计划步骤造成生产脱节等。日本企业称库存是"万恶之源"，是生产系统设计不合理的结果。精益生产的目标是消除引起不合格的原因，在加工过程中，每一工序都要求达到最佳程度，强调"第一次就做对"。丰田公司有一句名言:"价格是可以商量的,但质量是没有商量余地的。"精益管理的最终目标是追求"无缺陷",追求卓越。这种永无止境的对尽善尽美的追求,使精益化管理模式焕发出强大的生命力。

总之,追求完美没有止境,没有最好,只有更好。精益管理强调无止境的对尽善尽美的追求,能够促使人们去不断探索,不断奋斗、创造许多大量生产方式条件下难以想象的奇迹,因而成为推动企业管理向更高境地发展的重要通道。

九层之台必起于垒土

春秋时期,著名的哲学家老子根据事物的发展规律,提出处理问题要在它未发生以前的主张:"九层之台,起于垒土。"意思是说,九层的高台是用一筐一筐泥土砌成的。这句话揭示一个再简单不过的道理:再大的困难,只要一点点地、细心地、认真地去做就一定可以成功。其实,零缺陷的工作标准就意味着任何时候都要满足工作过程的全部要求。一个人只有拥有了积极的心态,才能够在工作中找到乐趣,进而积极地应对工作中发生的大小事情,细心地、认真地做到零缺陷,竭尽全力而不是"尽力而为"地做到零缺陷。

比尔·盖茨说:"工作需要付出100%的热忱、100%的努力。能完成100%,就不完成99%,虽然仅有1%的差距,但正是这1%,不但会反映出你对工作的态度、作风,而且也会彻底改变你的人生。"美国著名的理财投资专家约翰·坦普尔顿通过大量的观察研究,得出了一条很重要的结论:取得突出成就的人与取得中等成就的人几乎做了同样多的工作,前者仅仅是多做了一份努力，却取得了与后者有天壤之别的成就。

做到零缺陷，需要端正态度。想在工作中表现得更出色，办法只有一个，那就是细心地、认真地、全力以赴地投入工作。但遗憾的是，很多员工的想法恰恰与此相反，他们认为，公司是老板的，自己只是给老板打工，没必要累死累活地替别人工作。他们没有想明白的是：他们在工作中的不努力，给产品带来了缺陷，也给自己留下了缺陷。只要竭尽全力，确保自己的工作结果符合要求，回报迟早会来的。当今社会对零缺陷工作的要求越来越高，只有不断提高自身能力，才能适应当前社会的要求，而提高自身能力的最佳方法就是努力工作。

做到零缺陷，需要追求完美的精神。追求完美，每天的每一件事情都用认真的态度去完成，重复弥补的事情就不会发生，这样就有更多的时间去完成更多的工作。拥有追求完美的精神是每个人都能做到的，其实很简单，不用做什么大事，只要认真完成身边的小事就可以了，认真地检查，仔细体会认真做事的结果，就能逐步看到自己的成长，这样，成功就将触手可及。

做到零缺陷，需要细致的工作作风。细致反对"差不多先生"。很多时候，一个人的成败正是取决于那些不怎么被人注意的细节问题。尤其是在工作上，也许一个小细节就影响到了事情的成功。零缺陷工作的要求就是杜绝工作中的不细致。

做到零缺陷，需要专注的智慧。人生最大的浪费是选择的浪费，因此不要老是去选择，总是把以前的选择归零，这是非常不合算的。从这个意义上来讲，我们不要自以为聪明，在各种诱惑下不断进行新的选择，今天选择这个，明天选择那个，结果到头来哪个也没做成。

做到零缺陷，需要第一次就把事情做对。其实，第一次就把工作做对与在第二次、第三次……第 n 次把工作做对是一样的，错误只是一个概率问题，并不因为是在第几次就会有不同。所以，"第一次就把工作做对"所要求的只是一种精益求精的工作态度。要"第一次就把工作做对"，首先明确"做对"的定义：就是在目标明确的前提下，根据可衡量的、明确的判断标准评价得出合格的工作结果。在这里，我们可以看到一个关键词，就是"标准"。只要有标准，就可以保证第一次把工作做对。所以，在日常工作中，作为管理者，要定好工作的标准；作为执行者，就要看清和理解这些标准。

做到零缺陷，需要具有挑战精神。零缺陷工作要求我们要敢于挑战困难，做问题的终结者，一方面是为了不给这项工作留隐患，另一方面也是发挥岗位的教育功能，使在这个岗位上的自己也能朝合格的、能胜任的员工这一目标发展。你解决问题的水平，决定你工资的水平；你解决问题的能力，决定你人生的价值。主动负责是一种向上的精神、一种进取的精神、一种积极的精神。是"我要"努力，是"我要"成功，是"我要"负责，而不是等着别人来请你、推你。

做到零缺陷，需要对老板负责。员工应该做到比老板的期望多一点，把老板当成第一客户。工作中要从老板的角度和利益出发，要事事想在老板的前面，任何时候，老板都喜欢主动请缨的人，企业也需要敢于担当重任的人。

做到零缺陷，需要对客户负责。要求为客户提供人性化的优质服务，而且这种服务能够超出客户的预期和想象。为此，工作中我们要常常问自己三个问题：我是谁（为自己定位）？我的客户是谁（为客户定位）？客户为什么会找我（找到自身的优势）？

做到零缺陷，需要对同事负责。每天跟主动配合的同事一起工作是幸福的。要对同事负责，为整个团队带来团结，就应该尝试自己先付出，然后你会发现收获一定会大于付出。例如，当有的同事累了的时候、消沉的时候，其他同事给予关爱、鼓励和帮助；当同事取得一点进步和成功时，大家为之高兴，为之祝贺和赞赏，这就是团队的精神。通过团队的努力，又不断影响其他目标，改变身边沉闷的气氛。团队的成功往往就在这一瞬间发生，只有大家都成功才是真的成功。

做到零缺陷，需要对产品负责。一流的人品才能造出一流的产品。松下电器创始人松下幸之助有句名言："先制造人，再制造产品。"企业的产品，根本而言就是人品；好的品牌，靠的是好产品和好人品的共同支撑。一流的人品才能造出一流的产品，一流的人品产生一流的责任心，一流的责任心带来真正的零缺陷工作。

做到零缺陷，需要对生产现场负责。零缺陷工作以现场为中心，所有的分析、改进、计划、实施，都发生在工作现场，一旦离开现场，人对问题的分析和判断就会脱离现场实际，这就会产生工作失误和缺陷。不到现场，不把心思放在你的工作现场，所有的决策都有可能出现失误，所有的工作都有可能发生方向性的偏差。

做到零缺陷，需要不断地完善过程。用结果说话，结果的衡量标准为数量和质量。在工作中要预防缺陷的出现，就要在过程的设计阶段，包括在沟通、计划、验证中，能够逐步消除出现不符合要求的可能性，我们必须明确的是要通过完善过程来保证结果，而不是把资源浪费在问题的查找和补救上。

做到零缺陷，每一项工作都是一个"闭环"。什么是闭环？"闭环"不仅是管理者需要关注的事情，也是每一个员工都需要了解和掌握的一种工作方式和工作原理。不管工作是否完成，我们都要经常向布置人汇报，不要经常等到上级想起或者需要时找到自己，自己才将进展说出。这就没能完成工作的"闭环"。在零缺陷工作的要求下，我们再也不能自由散漫地工作和生活，只有使自己的工作和生活中的每一件事情都按"闭环"的要求运转，才能使自己有规律、有成效地生活和成长，直至成功。

做到零缺陷，需要日事日毕。要做到日事日毕，就马上行动，每天一定要有计划，节约时间，把工作落实，这样的话，才能既把工作做好，又能将工作分散，轻松应对！"此生待明日，万事成蹉跎。"今天能完成的事不要留到明天，因为明天还有明天的事，就像昨天的事情已经永久成为过去，无法挽回一样。如果一直将事情往后拖，那么你将再也没有时间解决旧事，一直都将背着包袱上路。

做到零缺陷，需要成为学习型人才。在竞争激烈的当今社会，唯有不断学习，才能提高竞争力；唯有不断钻研，才能站稳脚跟；唯有不断提高，才不会被别人超越。你要像海绵一样，广泛摄取这一行业中的各种知识。可以向同事、主管、前辈请教，还可以吸收各种报章、杂志的信息。此外，专业进修班、讲座、研讨会也都要参加。也就是说，要在所做的这一行业中全方位地深度发展，成为本行业的专家。

做到零缺陷，需要把优秀变成一种习惯。亚里士多德关于"优秀"有这样的论述："我们每一个人都是由自己一再重复的行为所铸造的。因而'优秀'不是一种行为，而是一种习惯。"现代资料也显示，人类每天90%的行为都出自习惯的支配。所以要想成为一个优秀的人，就应该让优秀成为一种习惯，就应该对自己要求严格，甚至是苛刻。让优秀成为一种习惯，因为机会只会青睐于有准备的人，优秀的习惯也是一种才华的积累、品质的量变，量变累积到一定程度时，就会促成质变，使你成为优秀的人。

总之，应该把零缺陷工作当作企业文化去追求，每个人都应该做一个零缺陷的忠实实施者，使零缺陷的标准成为企业运营和员工工作的常态标准。所谓"九层之台，起于垒土"，当零缺陷工作成为企业或者一个团队文化的组成部分，这个企业或团队的"九层之台"也就建立起来了。

参考文献

［1］郎咸平等. 中国制造的危机与出路：B2CB 版［M］. 东方出版社，2014.

［2］杨靖，李晓红. 零缺陷管理操作手册［M］. 人民邮电出版社，2008.

［3］［美］杰弗瑞·莱克. 丰田模式：精益制造的 14 项管理原则［M］. 李芳龄译. 精益思想丛书机械工业出版社，2011.

［4］刘树华，鲁建厦，王家尧. 精益生产［M］. 机械工业出版社，2010.

［5］唐勇，王林农. 中国式精益化管理：刘永行内部讲话［M］. 广东经济出版社，2014.

［6］［英］高润至. 中国商业领导力：融合东方智慧和西方文化的实践［M］. 高晓燕，冯坚译. 电子工业出版社，2011.

［7］［美］彼得·德鲁克，吉姆·柯林斯等. 组织生存力：彼得·德鲁克带领 6 位大师与你探索打造卓越组织的 5 大力量［M］. 刘祥亚译. 重庆出版社，2009.

［8］［日］稻盛和夫. 稻盛和夫的实学：活用人才［M］. 喻海翔译. 东方出版社，2013.

［9］王文信. 高效的生产绩效管理［M］. 厦门大学出版社，2010.

［10］高光锐等. 生产与质量管理［M］. 电子工业出版社，2011.

后　记

　　零缺陷的精益管理模式，是当前中国制造业提升管理水平、加快形成核心竞争力的关键课题。中国制造业将零缺陷理论与精益思想融合，以"4P"理论模型构建适应实情的精益管理实施规范，涉及多层次、多部门、内外部的问题，既涉及思想理念层面的改变及战略层面的设定，又涉及各个部门的职能及其战略落实效果，更涉及员工个人工作热情和执行能力的发挥。如果能够从"4P"的视角、"零缺陷"的视角、精益制造发展趋势几个方面予以把握，会保证零缺陷的精益管理模式的落地实施。

　　从"4P"的视角来看，第一，当前中国制造业精益管理实施规范的策略应该以"人、流程、绩效"为核心，以发挥更大作用的结果导向为目标，从突出战略规划、突出领导作用、完善全价值链、完善全质量链、突出人的作用和基础管理优化等方面入手进行全方位完善。第二，要注重完善"一次做对"的理念，如预防系统产生失误就是最大的印证，导入核心的工具都是在全产业链、全质量链上导入预防。第三，要注重领导作用和战略规划引导作用，员工总注重的是领导检查而不是领导所说的话，实施规划逐条检查是领导参与的集中体现。第四，领导作用通过组织架构设置、出台政策、设计激励等方式确保领导的意志得到具体的落地，不仅如此，领导同时需要把公司发展的方向和阶段性目标清晰传递、沟通以及达成，这就是战略规划的核心思想。第五，要重视全质量链的质量管理和全流程流程优化完善，通过这些手段确保质量的活动是基于全质量链的活动，而不是仅仅聚集在制造环节，同时流程额优化也不能只在少数几个部门进行，财务、人力等部门都需要优化流程，这样才是聚焦在全价值链环节上的行为和意志。

从"零缺陷"的视角来看，无论是基于零缺陷管理的精益管理还是基于精益管理的零缺陷，都构成了任务的必要条件。要真正形成零缺陷的管理，只实施规范的要求还是不够，还需要从如下几个方面完善：第一，在战略规划中，需要明确提出，零缺陷和精益管理都是战略目标实现的重要手段和路径，要将它们放到统一位置和高度。第二，在领导作用中需要明确规定，为了突出领导作用中对于零缺陷的同样重视，需要规定领导以身作则带头推进零缺陷的"一次做对"文化在企业中的落地。第三，在基础管理的模块中，要重点宣传零缺陷文化的内容，如可以设计有关零缺陷理论的挂图悬挂在各个角落充分地利用看板宣传零缺陷文化，充分利用媒体和广播以及网站宣传零缺陷的成功案例，广泛开展零缺陷文化读书会，等等。第四，在全价值链流程中强调优化流程目的就是做好预防，通过建立完善的系统做到"一次做对"体系预防。第五，在人才育成环节，不仅仅强调精益人才，更要强调通过精益人才的培育目标培育一批"一次做对"的高手。

从精益制造发展趋势来看，生产线越来越短、越来越简，设备投资越来越少；中间库存越来越少，场地利用率越来越高，成本越来越低；生产周期越来越短，交货速度越来越快；各类损耗越来越少，效率越来越高。面对这种情况，实现柔性制造可以大大地降低生产成本，强化企业的竞争力。既然柔性制造是一种全新的和高境界的制造理念，因此它值得我们以持续改善的精神去思考去创造：第一，细胞生产方式。与传统的大批量生产方式比较，细胞生产方式有两个特点，一个是规模小（生产线短，操作人员少），另一个是标准化之后的小生产细胞可以简单复制。由于这两个特点，细胞生产方式能够满足细胞生产能力整数倍的生产需求，减少场地占用，降低了平衡工位间作业时间的难度，发挥员工最高的作业能力水平。第二，一人生产方式。每一个员工单独完成整个产品装配任务将获得意想不到的效果，同时还能够大大地提高员工的品质意识、成本意识和竞争意识，促进员工成长。第三，一个流生产方式，即取消机器间的台车，并通过合理的工序安排和机器间滑板的设置让产品在机器间单个流动起来。它可以极大地减少中间产品库存，减少资金和场地的占用；消除机器间的无谓搬运，减少对搬运工具的依赖；当产品发生品质问题时，可以及时将信息反馈到前部，避免造成大量中间产品的报废。一个流生产方式不仅适用于机械加工，也适用于产品装配的过程。第四，柔性设备的利用。研究表明，比较而言，一是柔性生产线首先可降低设备投资的70%～90%；二是设备安装不需要专业人员，一般员工即可快速地在一个周末完成安装；三是不需要时可以随时拆除，提高场地利用效率。第五，台车生产方式。从一条线转移到另一条线上，转移工具就是台车。着眼于搬动及转移过程中的损耗，有人提出了台车生产线，即在台车上完成所有的装配任务。第六，固定线和变动线方式。根据某产品产量的变动情况，设置两类生产线，一类是满足某一相对固定部分的固定生产线，另一类是用来满足变动部分的变动生产线。传统的生产设备被用作固定线，而柔性设备或细胞生产方式等被用作变动生产线。为了彻底降低成本，在日本，变动线往往招用劳务公司派遣的临时工来应对，不需要时可以随时退回。

在中国，有很多行业在生产和管理方面都积累了丰富经验并且取得了不错的成绩，尤其近年来，中国电子和汽车等行业在中国快速地发展，以及在世界范围内竞争力大幅度提升，他们广泛使用的零缺陷落地的具体步骤以及零缺陷班组都在发挥着重要的作用。因此，中国制造业要积极吸收借鉴其他行业的经验，高度重视创新，要在吸收先进理论和先进经验的同时，坚持结合中国的实情，注重推进实施规范的完善，深入推进中国制造业的精益管理的创新，不断加强自身建设，大力培育和发展精益人才的力量，推动创新能力和精益管理实施规范水平的全面提升。